마음이나 알자

마음이나 알자

초판 1쇄 발행 2016년 10월 25일

지은이 | 천명일
펴낸이 | 이의성

펴낸곳 | 지혜의나무
등록번호 | 제1-2492호
주소 | 서울시 종로구 관훈동 198-16 남도빌딩 3층
전화 | (02)730-2211 팩스 | (02)730-2210

ⓒ천명일

ISBN 979-11-85062-16-7 03220

마음이나 알자

천명일 지음

지혜의나무

머리말

    지금 이 글은 마음이나 알자는 책입니다.

    마음은 알고 말고 할 성질이 아니므로 그 누구도 제 마음은 까맣게 모릅니다. 실제로 까맣게 생긴 마음摩陰이라서 그런지 생각하는 사유분별로는 아무것도 알아낼 수 있는 것이 없습니다.

    아마도 그 까닭은 제 몸과 마음을 환히 다 보고 다 아는 묘각의 각성을 전연 상상도 못하기 때문이란 생각이 듭니다.

    그래서 필자는 석가세존이 묘각의 불안으로 밝혀 놓으신 마음의 생원설이기도 한 마음의 신상명세서를 이 책에서 밝혀 놓았습니다. 그리고 또 이 책에서는 공자님의 유교 집안에서 잃어버린 깨달음으로 가는 관청법도 밝혀 놓았습니다. 아울러 깨달음을 얻은 서양 철학자들의 마지막 입술의 침묵이 곧 철학이 되고 있음도 밝혀 놓았습니다. 특히 기독교 집안에서 새롭게 깨쳐야 할 십자가十字架 이야기도 이 책에서 밝혀 놓았습니다.

여담 삼아 수학의 모든 것과 십진법에 대해서도 재미있는 이야기로 설명을 해 놓았습니다.

어려워도 부디 읽어들 두시기를 바랍니다.

천명일 합장

목차

1부 마음의 고향
(마음이 생기게 된 이야기)

2부 마음을 찾는 이야기

1부
마음의 고향
(마음이 생기게 된 이야기)

1. 하얀 연꽃 인도印度에서

필자는 어려서 하늘의 눈으로 지구를 총천연색으로 다 보았습니다. 멀리서 본 지구촌은 파아란 청옥색 나는 하나의 구슬이 하얀 연꽃 위에 얹혀 있는 것과 흡사했습니다.

그것은 아마도 하늘 아래에서 제일 높은 히말라야 산맥이다 보니 항상 하얀 눈을 머리위에 이고 서 있기에 그렇게 보였을 것입니다.

산이 높으면 인류의 의식도 높습니다. 높고 낮음을 초월한 히말라야 산맥 밑에는 인도印度라고 이름 하는 나라가 있습니다.

그 인도印度란 나라에서 묘각妙覺을 이루신 석가세존이 성불을 하셨습니다. 그래서 나라의 이름을 인도印度라 했습니다.

인도印度란? 우리말로는 '진리의 씨앗'이란 뜻입니다. 진리의 씨앗은 곧 묘각妙覺입니다.

저 묘각의 씨앗 한 알이 히말라야 산맥을 넘어서 동방으로 날아갔습니다. 동토로 날아간 진리의 씨앗 한 알이 중국에서 발아를 잘 했습니다. 발아를 잘한 깨달음의 보리수 가지 하나는 저 현해탄을 건너서 극동의 섬나라 일본日本에서 꽃을 활짝 피웠습니다. 그 꽃의 이름은 정신문화의 꽃, 벚꽃입니다.

한편 진리의 씨앗 한 알은 서쪽나라로 날아갔습니다.

모래밭에서 발아를 어렵게 한 월계수 가지 하나가 저 대서양을 건너서 섬나라 영국에서 꽃을 활짝 피웠습니다. 그 꽃의 이름은 과학문명의 꽃, 장미입니다.

그러므로 지구촌에 자라나는 모든 꽃가지들은 진리의 꽃을 닮아서 저마다 긴 모가지를 쑥 빼어 가지고는 꽃들을 활짝 피우고 있습니다.

그러므로 동양의 벚꽃과 서양의 장미는 서로 만나야 합니다. 서로 만나서 인도의 하얀 연꽃을 피워 내야만 합니다. 그 하얀 연꽃의 씨앗은 곧 깨달음입니다.

깨달음으로 돌아 가자면 우선적으로 우리는 내 마음의 뿌리부터 잘 알아야만 합니다.

그런데 말입니다. 금세기 인류는 부질없이 곧 썩어 빠질 제 몸뚱이를 금쪽같이 여길 뿐 이 몸뚱이에 담겨 있는 마음에는 도무지 관심들이 없습니다.

관심이 있다면 성애와 돈입니다. 성애와 돈은 필요악입니다. 그 악은 독사보다도 무섭다고 합니다. 독사에게 물리면 누구나 다 죽습니다. 그런데 독사를 성찬으로 여기는 유일무이한 사막의 오소리가 있습니다. 그 사막의 오소리와 같은 생리를 그대로 가진 고등동물은 금세기 애류인생愛流人生들입니다.

이렇게 무서운 돈과 성애를 주식으로 하는 온 인류에게 지금 마음의 고향으로 가자는 얘기를 하자니 앞이 절로 캄캄합니다. 참으로 헛소리가 될 것 같아서 말입니다.

그래도 누가 압니까?

천에 만에 단 한 사람이라도 혹 『마음이나 알자』는 이 책을 통하여 조건 없는 행복의 나라, 마음의 고향으로 갈지 말입니다.

사람의 수명은 길어 보아야 삼 분三分입니다. 누구나 삼 분만 숨을 못 쉬면 죽습니다. 그런데 무슨 수명이 백수라 자랑들 합니까? 유령의 사회를 가지고 자랑들 하시렵니까?

그런데 이 몸이 늙고 병들어 죽을 때에 내 마음도 같이 따라 늙고 병들어 죽어주면 얼마나 좋겠습니까? 하지만 만고에 불가사의가 있습니다.

그것은 내가 늙고 병들어 죽을 때에 지금 우리의 마음은 꼼짝도 않고 그대로 있습니다. 그대가 아무리 죽으려고 해도 죽으려야 죽을 수가 없는 영물이 있습니다. 그것이 곧 지금 우리들이 늘 쓰고 있는 마음입니다.

우리의 마음속에는 살고 죽음을 초월한 묘각妙覺의 빛, 각성覺性이 있습니다. 지금 내 몸과 마음을 환히 다 깨닫고 아는 자입니다. 그 이름을 묘각妙覺의 빛, 각성覺性이라 합니다.

실로 지금 내가 이 세상에 있건 없건 간에 지금 내 마음속에는 저 무변 허공계를 두루 삼키고 있는 묘각의 빛 각성이 있습니다.

두루 깨닫고 아는 각성은 마치 그대가 거울로 자신의 얼굴을 보듯 합니다. 지금 내가 거울로 내 얼굴을 환히 다 보듯이 나 자신을 환히 다 보고 다 깨닫고 다 압니다. 이를 묘각妙覺의 빛, 각성覺性이라 합니다.

허공이 스며 있지 않은 곳이 없듯이 지금 우리의 마음속에도 다 묘각의 각성이 가득 스며 있습니다. 그 각성을 우리는 편의상 지금 우리가 쓰고 있는 마음 저쪽에 있다고 합니다.

저 묘각妙覺의 각성覺性은 있고 없음을 두루 다 머금고 있습니다.

그러므로 그대의 몸과 마음이 살아 있으면 살아 있는 그대의 삶의 모습을 그대로 환히 다 보여줍니다.

만약 그대의 마음이 괴롭거나 즐거우면 괴롭고 즐거운 모습을 있는 그대로 다 보여줍니다. 만약 그대가 병들면 병든 고통의 모습을, 병으로 죽지 않으려 발버둥을 치면 발버둥치는 가련한 그대의 모습을 있는 그대로 다 보여주고 깨닫고 알게 해 줍니다.

그러므로 그대가 죽음으로 갈 때의 모습도 있는 그대로 다 보여줍니다. 죽음의 저쪽 세계가 천당이든 지옥이든 진실 그대로 다 보여줍니다. 이렇게 불가사의한 묘각妙覺의 각성覺性은 사람의 마음에만 있는 것은 아닙니다. 심지어 눈에 보이지도 않는 저 미생물에게도 다 있습니다.

이렇게 신비로운 묘각의 각성은 저 무변 허공계와 시방세계를 두루 다 머금고 있습니다. 그러므로 그대가 두루 다 깨닫고 두루 다 아는 묘각의 각성으로부터 그대의 마음이 숨을 곳은 아무 데도 없습니다.

만약 그대가 성정을 버리고 고상한 선덕을 쌓았다면 무량한 쾌락의 극락을 얻는다는 것을 두루 다 깨닫고 알게 해 줍니다. 만약 그대가 성애와 돈에 미쳐 있었다면 지옥의 불구 덩이 속에서 지독한 고통을 받는다는 것을 다 깨닫고 알게 해 줍니다.

이것은 다 지금 내가 쓰고 있는 몸과 마음을 어떻게 쓰느냐에 따라 빚어지는 극락의 환상과 지옥의 환각입니다. 이렇게 중생들이 스스로 지은 업보들을 묘각의 빛 각성은 속속들이 다 보여주고 다 깨닫고 알게 해 줍니다.

저 묘각의 거울은 저 무변 허공계와 시방세계에 일체가 존재하고 있는 저 모든 것을 환히 다 비추어 줍니다. 그런데 우리는 이렇게 불가사의한 묘각의 빛, 각성은 고사하고 그 빛의 여명으로 생긴 마음도 전연 깨닫지를 못하고 있습니다.

이렇게 심심 미묘한 묘각의 각성은 일체에 두루 해 있습니다. 이같이 신비로운 묘각을 전연 깨닫지 못하는 중생들을 깨우쳐 주시려고 석가세존은 많은 경문을 남겨 두셨습니다. 하지만 그 경문이 아무리 많으면 무엇을 합니까?

경문을 읽고도 알 수가 없으니 말입니다. 진실로 깨닫고 알아야 할 청정 묘각의 빛 각성은 너무나 요원한 곳에 있으므로 잠시 덮어 두고, 다만 지금 내가 쓰고 있는 이 마음이라도 제대로 알아야 할 것이 아닙니까?

그런데 지극히 소중한 우리가 늘 쓰고 있는 마음도 제대로 모르면서 무슨 도통을 찾고 세상 명문대학의 박사학위나 찾습니까? 이렇게도 몰지각한 심맹心盲들을 어쩌면 좋겠습니까?

그래서 옛날 석가세존께서는 묘각의 빛 각성의 여명으로 생기게 된 환상과 같은 마음을 우선적으로 밝히시고 저 환상과 같은 마음의 뿌리를 근본적으로 뽑아버리는 지혜를 밝혀두셨습니다.

지금 필자는 여러분들에게 일단 마음이 생기게 된 뿌리를 얘기하고 다음으로 묘각의 빛 각성으로 돌아가는 부처님의 지혜를 안내하고자 이 글을 쓰고 있습니다.

바로 이것이 인도印度의 지혜智慧입니다.

안녕

2. 눈에 안 보이면 미신

마음은 실체가 전연 없습니다. 다만 깨닫고 아는 각성에 비추어진 환상입니다.

그 까닭은 마음은 묘각의 빛 각성의 여명으로 생긴 환영이기 때문입니다. 일체중생들은 모두 이렇게 실상이 없는 환상의 마음으로 살고 있습니다. 그런데도 마음에는 아무런 관심도 없습니다.

세상의 모든 과학도들은 날이면 날마다 눈에는 보이지도 않는 물리를 파고들어 갑니다. 그러면서도 제가 스스로 쓰고 있는 마음의 해부학인 심리학에는 도무지 관심조차 없습니다. 이것이 온 인류의 불행입니다.

물질을 가지고 그 물질의 성품인 진공을 찾는 과학이라면 당연히 과학의 눈으로 볼 수도 없는 마음 이상 진정한 과학은 없습니다.

오히려 과학은 물증은 있으나 마음이 없습니다. 마음이 없으니 심증도 없습니다. 그렇다면 마음은 물증도 있고 심증도 있습니다. 생각해 보세요. 내가 내 마음을 분명히 알고 있으니 이보다 더한 심증이 어디에 또 있습니까?

또한 내가 내 마음대로 내 손발가락을 마음대로 움직일 수가 있으니 이 이상의 물증과 심증을 대는 것이 또 무엇이 있겠습니까?

그러므로 마음은 물증도 있고 심증도 분명합니다. 실로 과학이야말로 만고에 비과학인 미신입니다. 물심양의 면이 없는 무정물을 신뢰하는 과학은 반드시 온 인류의 영혼을 망치고 말 것입니다.

스스로 쓰는 마음은 제 몸도 제 정신도 마음대로 운용을 잘 합니다. 이렇게 물증도 있고 심증이 확실한 마음인데도 과학자들은 뒤돌아보지도 않고, 마음 밖의 기계나 신을 믿고 마음을 미신으로 치부합니다.

우리의 마음은 내가 마음을 알고 모르고를 떠나서 그 어느 날 갑자기 이 몸에서 마음이 어디론가 떠나고 나면 졸지에 송장이 됩니다. 제 아무리 큰 부귀영화를 누렸던 영웅호걸도 마음이 떠나 송장이 되고 나면 곧바로 화장막으로 갑니다.

불타는 화장막 속에서도 마음은 타지도 않고 죽으려야 죽을 수도 없습니다. 죽든 살든 화장막 영혼의 이야기는 접어 둡시다. 마음의 실상을 전연 모르는 심맹들도 산 사람과 죽은 사람은 단박에 알아봅니다.

마음이 있고 없음은 식별하지만 지금 필자가 소개를 하려고 하는 마음의 주소는 생각지도 못합니다. 물론 마음의 주소를 밝힌 말이나 책자도 없습니다. 그래서 필자는 현대 물리의 상식으로 이해를 돕겠습니다. 현대 물리에서는 물질을 쪼개고 쪼개어서 십조 분의 일 밀리미터를 입자粒子라 합니다.

그 입자粒子분의 -18승까지 내려가면 지금 우리가 쓰고 있는 마음을 만납니다.

이렇게 입자를 떠나서도 아득히 먼 진공장에 떠도는 허망한 마음의 고향 얘기를 어떻게 생각이나 말로 되겠습니까?

이와 같이 마음은 심히 깊고 높은 무극에 있습니다. 그래서 있고 없음을 멀리 떠난 여래, 묘각의 빛 각성으로 보아야 환히 다 드러나 보입니다.

이 모양으로 상상키도 어려운 아득히 먼 마음의 고향 얘기를 세상의 심맹들에게 어떻게 귀띔을 해줄까 생각해보니 앞이 캄캄합니다.

아마 그래서 선각자들은 아예 마음에 관한 한 입을 굳게 닫지 않았나 싶습니다. 그래도 무슨 말은 남겨야 했기에 언어도단言語道斷이란 말을 남겼지 싶습니다. 어쩌면 마음에 관한 한 체념이 묘약이란 생각도 됩니다.

마음의 주소는 몇 번지에 있을까요?

일체의 모든 존재는 그것이 영적이든 물적이든 간에 생명성이라고 이름 하는 마음의 성품은 다 있습니다.

그래서 물질의 미세한 입자에도 생명성이라고 이름 하는 영자의 활동이 있습니다.

그 영자의 운동을 금세기 전자물리학자들은 입자라고 했습니다. 저 유교의 성리학性理學에서는 우주의 생명성을 이렇게 기술하고 있습니다.

우주의 생명을 일러 성性이라 하고(天命之謂 性)
생명성을 따름을 일러 도道라 하고(率性之謂 道)
도道를 닦아 익힘을 교敎라 한다(修道之謂 敎)

이렇듯 유교의 성리학에서도 일체의 모든 진리의 실상을 성性으로 보았습니다. 그렇다면 그 성性은 과연 어디서 나왔을까요? 만물에는 다 성품이 있습니다. 저 성품이란 성性은 우리들의 마음에서 나왔습니다. 그래서 성품 성性자를 파자로 풀어서 보면 심방변(忄)에 날생生을 써서 心·生은 곧 성性이라 했습니다. 실제로 마음은 십조 분의 일 밀리미터라고 하는 입자분의 -18승에 머물고 있습니다.

필자의 이 가설은 반야심경에 무無자와 공空자가 몇 개가 있으며 그 뜻이 무엇인가를 알면 이해가 될 것입니다.

저 영국의 유명한 물리학 박사 에딩턴도 입자粒子는 사념思念이라고 이미 정의를 해 두셨습니다.

그렇다면 마음은 하늘이고 그 하늘에 떠다니는 구름 같은 사념을 입자로 보면 좋을 것입니다. 그래서 우리는 마음이 기쁘면 심성이 경쾌하고, 마음이 슬프면 심성이 금방 우울해집니다. 비록 마음은 형색으로는 도저히 잡을 수가 없으나 스스로 느끼는 심리현상으로는 물질 이상으로 분명합니다.

그래서 음욕이 생기면 성기에서 액이 흐르고, 맛있는 음식을 보면 금방 입안에서는 침이 고입니다.

이렇게 심증과 물증이 분명한 것이 마음인데도 눈에만 보이는 물증을 위주로 판단하는 이것이 인류의 무지한 심맹병

24

입니다. 아마도 이같이 지독한 심맹병은 곧 치유가 될 것입니다. 앞으로 7, 80년 후에는 지금의 삼성 같은 기업에서 수준 높은 반도체를 만들 것입니다. 그 반도체는 칠보로 만들었기 때문에 지금보다 훨씬 수준 높은 3백만 분의 일까지 파고들 것입니다.

그렇게만 되면 지금의 저 휴대폰으로 마음의 파편인 영혼을 물체처럼 영상으로 보게 됩니다. 그렇게 되면 지구촌에 사는 거짓말쟁이들은 큰일 납니다. 물론 다른 정신적 부작용도 만만치 않습니다만…….

물론 마음은 전자장비로 분석이 되는 대상은 아닙니다. 마음은 무극에 안주하고 있기 때문이기도 하지만 본래로 허망한 환상이기 때문입니다.

그러므로 온 인류는 환상과 싸우지 말고 마땅히 벗어 버리고 지워 버려야 할 대상으로 보아야 합니다. 그래서 자신의 몸과 마음을 환히 다 보고 다 아는 묘각의 각성을 스스로에서 발견해야만 합니다. 그 환상의 마음으로부터 도망가는 길은 각성의 눈이 아니곤 찾지 못합니다.

각성의 빛으로 그림자 같은 마음을 비추지 않고는 마음으로부터 해방할 길은 영원히 없습니다. 지금 이 마음으로부터 일어나는 백천만 가지 재앙을 면할 길은 전무합니다.

마음은 수행의 문제입니다. 마음은 흑판에 쓴 글자처럼 지우개로 지워버리든지 명경에 낀 때처럼 닦아버려야 할 수행의 문제입니다. 마음은 깨어 부수어야 할 불가사의한 장애물인 줄로 알아야 합니다. 절대로 마음은 갈고 닦아야 할 보물이 아닙니다.

이 같은 마음의 실체를 잘 모르고 과학적 상식으로 분석이나 개발을 하게 되면 온 인류는 반드시 미치고 맙니다.

제 눈이 제 눈을 돌이켜 보지 못하듯이 마음은 볼 수는 없으나 일체의 근본 뿌리가 되고 있기 때문입니다.

부처님의 눈으로 보면 마음의 주소는 입자 분의 -18승에 있습니다. 그리고 부처님이 깨달은 청정 묘각妙覺의 빛, 각성覺性의 주소는 심자心子 분의 -21승에 있습니다.

그래서 우리 조상들은 너무나 현명했습니다. 아무것도 안 보이는 마음 너머를 보고 절을 했습니다. 마음으로 생각되는 것 말고 그 너머를 보고 절을 했습니다. 마음 너머에 숨어 있는 각성을 보고 절을 했습니다.

일찍이 민초들은 무극無極의 마음에 큰절을 해왔습니다. 그렇다면 몸과 마음 저 너머 무극에 절을 해온 우리 조상들이 오늘날 우리보다 무식해서 일까요?

아닙니다. 절대로 아닙니다. 진실로 민초들은 망상의 잡

동사니로 만들어진 세상의 물정을 멀리 했습니다. 물상의 저 뒤에 깨어 있는 무극의 각성을 보았습니다.

그러므로 무심으로 돌아가는 무극의 마음에 절을 할 줄 알았습니다. 이것이 지구촌에서 가장 신성한 종교입니다.

그러므로 진정한 종교는 무극의 각성에 절을 하고 그 각성을 가로막고 있는 마음을 지워버리는 명상 수행이 곧 진정한 종교입니다.

지구촌 민초들은 일찍이 산이나 바다를 보고도 큰절을 했습니다. 거기에 비움의 행위 철학이 있기 때문입니다.

금세기 유식한 지식꾼들에게 묻습니다. 정말로 우리 조상들이 태초부터 너무 무식해서 눈에도 안 보이는 허구의 신을 믿었다고들 생각하시나요?

필자가 알기로는 무식하기로 말할 것 같으면 오늘날 많이 배운 식자들 이상 바보는 없습니다. 왜 바보인가요? 지금도 과학자들은 도무지 눈에는 보이지도 않는 무극의 진공을 가지고 끝없는 씨름을 하고 있지 않습니까? 그렇다면 과연 누가 더 현명하고 누가 더 무지한 바보인가요?

과학이란 별난 것도 아닙니다. 초학들은 처음에 물질 속에 숨어 있는 진공을 찾습니다. 그 진공의 성질을 찾아서는 그 진공의 성질을 다시 재조립한 물건들을 가지고 장난을 합

니다. 그 장난감들이 오늘날 인류가 미치게 좋아들 하는 과
학의 요물입니다.

석가세존은 3000년 전에 이미 물질을 10조 분의 1밀리미
터로 쪼개고 쪼개면 무극의 허공의 비늘이 된다고 하셨습니
다. 그 허공의 비늘을 진공眞空이라 하고 진공을 허공의 비늘
이란 뜻으로 인허진鱗虛塵이라 하셨습니다.

저 허공의 비늘인 인허진의 진공眞空 속에는 수백억의 시
방세계가 다 들송날송 한다고도 하셨습니다. 이 뜻을 문자로
일미진중함시방一微塵中含十方이라 하는 것입니다.

오늘날 과학자들은 아직도 석가세존께서 불안佛眼으로 보
신 묘각의 진공眞空은 상상을 못합니다.

저 아인슈타인 선생의 특수 상대성원리도 진공 속에 춤추
고 있는 물리를 조금 보았을 뿐입니다. 그분이 상상한 가설
의 중력장 파장설은 마음이 열려서 천이통天耳通을 얻게 되
면 항상 듣는 천상의 음악입니다. 하나도 신기할 것이 없습
니다.

저 유명한 베토벤은 일찍이 저 우주 속에 뒹구는 중력장
파장의 음을 귀 아닌 각성으로 듣고 그 음파의 음률을 악보
로 정리하였으니 그 곡이 바로 유명한 월광소나타입니다.

아마도 아인슈타인 박사의 영감에도 저 우주 중력파장의

묘음이 들렸던 모양입니다. 천주교에서 말하는 하나님이 계시는 색계 광음천光音天에서는 항상 듣는 천상의 음악입니다. 이를 베토벤은 육신의 귀가 아닌 각성의 귀로 들었던 것입니다.

그래서 음악은 귀로 하지 않습니다. 바보들이 귀로 음악을 합니다. 진정한 음악가는 귀로 듣지도 않고 마음으로 듣지도 않고 각성의 귀로 법계의 묘음을 듣습니다. 그래야만이 진정한 음악가입니다.

아인슈타인 박사도 조금만 마음에 관심을 두었다면 묘각의 빛 각성의 묘음을 들었을 것입니다. 묘각의 빛 각성의 여명으로 생긴 저 마음이 태초에 고요한 쪽으로는 저 무변 허공계가 되었고 동하는 쪽으로는 시방세계가 생기게 되었음을 깨쳤을 것입니다. 그런데 마음의 연금술이 아닌 진공의 춤인 물리로 파고드는 바람에 우주생원의 성리를 전연 몰랐습니다.

그러므로 마음의 속성인 의식意識, 잠재의식潛在意識, 무의식無意識 이 세 가지가 서로 동반이합하는 행위로 말미암아 고요한 허공계가 나선형으로 감겨 돌면서 저 우주에는 엄청난 중력장의 파장이 시방세계를 창조하게 되었습니다. 이 뜻을 성서에서는 "하나님이 만물을 창조하시기 전에 말씀이 있었다"로 기록하고 있습니다.

저 무변 허공계가 돌고 돎으로 공간의 흐름(時間)이 서로 융합되면서 만물의 에너지(色性)가 생기고 그 색성色性이 나선의 원형질로 돌고 돌면서 중력의 파장인 소리(音)가 생기고 소리의 음성音聲이 시방세계에 두루 하게 되었습니다.

그리고 또 그 소리의 성품인 음성音性이 시공에 스며들면서 냄새를 내는 향기香氣의 성품이 시방세계에 두루 하게 되었습니다.

또한 향기의 성품이 색성에 깊이 스며들면서 맛을 내는 맛의 성품(味性)이 시방세계에 두루 하게 되었고, 또 맛의 성품인 미성味性이 향기에 스며들면서 은밀히 느끼는 촉감觸感의 성품인 감성感性이 시방세계에 두루 하게 되었습니다.

그리고 또 촉감의 성품이 심성心性의 지각知覺에 반응이 되면서 깨닫고 아는 성품인 식성識性이 시방세계에 두루 하게 되었습니다.

그 여섯 가지 육감이 총체적으로 잘 융합되어서 한 덩어리로 조화를 잘 이룬 고등동물이 되었습니다. 그것이 곧 인간人間입니다.

그러므로 인간人間은 온 우주의 식성識性을 하나로 둘둘 말아서 압축시킨 영물입니다. 그래서 사람은 육감이 잘 발달

되어 있습니다. 잘 발달된 육감은 곧 안이비설신의眼耳鼻舌身意라 하는 육근六根입니다. 이 육근의 생기설을 색色, 성聲, 향香, 미味, 촉觸, 앎(法)이라 했습니다.

만약에 아인슈타인 선생께서 우주 물리와 정신 물리가 서로 다르지 않다는 이치를 진작 깨닫고 정신 심리학으로 노벨상을 받았다면 아마도 온 인류는 마음으로부터 조건 없는 행복을 누렸을 것입니다.

안녕

3. 자유自由는 마음摩陰의 기본권

　묘각의 빛 각성의 여명으로 생긴 마음의 불가사의는 다양하게 쓰이는 마음의 자유自由에 있습니다. 그래서 마음의 자유를 잘 쓰면 스스로 행복한 응보應報를 받습니다. 반대로 마음의 자유를 잘못 쓰면 스스로 불행한 과보를 받습니다. 또한 마음의 자유를 이렇게도 저렇게도 아니 쓰면 무사안일이 보장됩니다.

　그러므로 마음의 자유로부터 해방을 하자면 스스로 쓰고 있는 마음을 벗어 던져야 합니다. 그래야만 마음의 자유로부터 해방을 한 아라한阿羅漢이나 연각緣覺이 됩니다.

　또한 마음의 자유를 벗어 던진 아라한이나 연각과는 달리 마음의 자유를 가지고 중생의 고뇌 속에 깊이 들어가서 무량한 난행고행인 헌신의 길 육바라밀을 끝없이 닦게 되면 대해탈의 몸 32상과 80종호를 갖추어서 마침내 대각을 하게 됩니다. 대각자가 되고 나면 저절로 금색신을 구족한 부처님이 됩니다. 이와 같은 금색신의 부처님이 되는 것도 마음의 고유권한 특권인 대자유에 있습니다.

저 고유한 마음의 자유는 사생四生(胎卵濕化) 자부慈父라고 하는 대범천왕인 하느님 아버지도 중생들이 쓰고 있는 마음의 자유自由 앞에서는 어쩔 수가 없다고 합니다.

이렇게 마음의 자유는 위로는 제불국토와 삼세제불三世諸佛도 만들고 밑으로는 우주와 세계의 중생과 삼악도까지도 다 창조해 냅니다. 그러므로 마음의 자유는 일체를 다 창조하는 창조주입니다. 창조주인 마음의 자유는 절대의 경지에 도달한 각자들도 간섭할 수 없는 신성불가침의 영역입니다.

그래서 마음의 자유는 스스로는 어떻게든 쓸 수가 있으나 설령 구경의 묘각을 성취하신 부처님도 중생의 마음의 자유는 절대로 간섭을 할 수가 없습니다.

그리하여 세존도 아난에게 "나는 나의 마음은 내 마음대로 다스릴 수 있으나 내가 네 마음속에 들어가서 네 마음을 이래라 저래라 할 수는 없다"고 말씀하셨습니다.

그래서 고인들도 마음의 자유 앞에서는 꼼짝을 못하고 숱하게 저질러 놓은 엄청난 후회의 낱말들을 많이도 남겨두셨습니다. 스스로도 행치 못한 금쪽같은 후회의 낱말들 말입니다. 다만 스스로 쓰는 마음의 자유를 가지고 성불을 하신 부처님의 금구성언金口聖言은 제외하고 말입니다.

그래서 석가세존께서는 불가사의한 마음의 자유를 뿌리째 뽑아버리는 지혜를 밝혀 두셨습니다. 마음의 근본 뿌리를 뽑아버리자면 당연히 마음의 뿌리가 어디에 있는가를 꼭 알아야 합니다.

그래서 마음이 생기게 된 그 까닭을 수능엄경에서 세존은 잘 밝혀 두셨습니다. 그 경문의 내용을 필자는 '마음의 생원설'이라 했습니다.

안녕

4. 마음摩陰의 생원설生源說

마음은 묘각妙覺의 빛 각성覺性의 큰 그늘로 훤히 밝은 그 여명黎明으로 인해 생겼습니다. 그래서 클 마摩자에 그늘 음陰자를 써서 마음摩陰이라 했습니다.

마음이 생기게 된 까닭을 밝힌 마음의 생원설은 수능엄경에 있습니다. 사구시어四句詩語로 기록된 경문으로는 마음의 생원설을 찾기가 매우 어렵습니다.

그래서 필자는 난해한 한문의 경문을 그대로 번역을 하자니 문맥文脈에 막히고 뜻만 의역意譯을 하자니 무량의無量義에 걸리고 해서 누구나 알아들을 수 있는 우리말 이야기로 이해를 돕기로 했습니다.

묘각은 태양빛의 십조 배나 밝다고 합니다. 묘각의 빛이 만약에 일월日月을 비추게 되면 그렇게도 밝다는 태양도 새

까만 먹덩어리가 된다고 합니다. 이렇게 명묘하게 밝고 묘명하게 맑은 각성의 여명으로 지금 우리들이 쓰고 있는 마음이 생겼다고 합니다.

그 누구도 생각지도 못한 마음의 생원설을 온 인류에게 밝히려고 하니 참으로 난감합니다. 그래서 불가피하게 의미 유추의 논리학을 빌리기로 했습니다. 의미유추의 논리학은 곧 은유와 비유로 납득시키는 가설입니다.

고래로 마음의 생원에 관한 한 많은 성인들도 침묵으로 일관해 왔습니다. 그 까닭은 무엇보다 석존처럼 묘각을 성취하지 못했기 때문입니다. 묘각을 터득하지 않고는 묘각의 빛 각성의 여명으로 생긴 마음을 투시해 볼 수가 없습니다.

설령 마음이 생긴 이치를 조금 알았다고 손치더라도 그 이치를 남에게 이해시킬 만한 언설 문자가 만만치 않습니다.

그런데 큰 문제는 구경의 뜻이 되고 있는 마음의 생기설을 세간법에서 과연 알아들을 만한 사람이 있겠느냐 하는 점입니다. 이래저래 마음의 생원설만은 언어도단言語道斷이란 말이 맞지 않나 싶습니다.

만약에 말과 글로 의사 전달이 잘 안 되는 문제라면 묵시적인 몸으로 말하는 신어나, 손으로 말하는 수화라도 해서 반드시 소중한 부처님의 뜻을 내 후손들에게 꼭 전해 주렵니다.

그래서 필자가 애용하는 이야기는 물론 의미유추의 논리학입니다. 의미유추의 논리학은 비유를 말합니다. 비유는 맹인에게 지팡이와 같습니다. 지팡이가 전해주는 예민한 감성으로 길을 찾듯이 마음을 모르는 심맹들에겐 의미유추의 논리학이 곧 지팡이가 됩니다.

지금부터 의미유추로 풀어내어 봅시다.

우리는 수만 생을 보아 왔습니다. 저녁노을이 생기는 광경을 말입니다. 황혼의 저녁노을은 누구나 많이도 보아 왔습니다. 해가 질 때에 일어나는 황홀한 저녁노을은 누구나 감명 깊게 보아왔습니다.

누구나 감명 깊게 본 저 황홀한 저녁노을이 생기는 정경과 우리가 쓰고 있는 마음이 생기게 된 정황은 서로 일맥상통합니다. 이렇게 밖으로는 저녁노을이 생기는 이치가 안으로는 마음이 생기는 이치와 일맥상통합니다. 이치로는 서로 너무나 닮았습니다. 이렇게 안과 밖으로 일맥상통한 섭리를 보고 깨닫는 지혜를 자연지自然智라 합니다.

저 저녁노을은 태양의 빛으로 생깁니다. 우리의 마음은 묘각의 빛 각성의 여명으로 생깁니다. 저 밖의 저녁노을의 생리와 우리 안에 묘각의 빛 각성의 여명으로 생긴 마음의 생리는 이치로는 동일합니다.

다시 말씀드리면 태양의 빛으로 생긴 황혼은 곧 저녁노을이지만 묘각의 빛 각성의 여명은 곧 환상인 마음입니다. 묘각의 빛 각성의 여명으로 생긴 환상의 마음이 생길 때에 독특한 마음의 속성 세 가지가 동시에 일어납니다.

동시다발적으로 일어난 마음의 속성 세 가지가 생기된 이치도 저녁노을이 삼차원으로 변해지는 명암현상과 동일합니다. 그래서 황홀한 저녁노을이 일어나서 서서히 변형되었다가 마침내 없어질 때까지의 전 과정에다가 마음의 속성 세 가지가 생기게 된 그 이치를 대비시켜서 이해를 돕겠습니다.

신통하게도 태양의 빛으로 생긴 저녁노을은 세 차원으로 변형이 됩니다. 또한 묘각의 빛 각성의 여명으로 생긴 마음도 세 차원으로 분리가 되어 있습니다. 이렇게 변이의 생리가 동일합니다.

지금 서서히 지평선으로 해가 넘어가고 있습니다. 해가 넘어가면서 생기는 황홀한 저녁노을은 처음에는 무척 환하게 밝습니다. 이렇게 환하다가 점점 어둑해집니다. 그러다가 마침내 캄캄해집니다.

이렇게 펼쳐지는 저녁노을의 현상과 동일한 이치로 마음의 속성 세 가지도 결정이 되어졌습니다.

그러면 묘각의 빛 각성의 여명으로 생긴 마음에 깃들여져 있는 그 마음의 속성 세 가지란 과연 무엇인가? 깨어 있는 의식계意識系와 요리조리 생각하는 잠재의식계潛在意識系와 잠든 상태의 무의식계無意識系입니다.

그러면 이 세 가지 마음의 속성은 과연 어떻게 해서 생기게 되었을까요? 했을 때 여기에 대한 답은 밖의 자연현상과 내 안의 심리현상을 대비시켜서 생각해 보는 자연지自然智밖에는 없습니다.

그렇다면 자연의 성리와 중생의 심리가 어떻게 서로 일치되는가를 좀 더 구체적으로 밝혀 보겠습니다.

지금 태양은 서서히 서산으로 넘어가고 있습니다. 넘어가면서 자연발생적으로 생기는 황홀한 저녁노을을 잘 생각해 보세요. 그러면 자연의 현상과 마음의 속성 세 가지가 생기는 이치가 동일함을 알 것입니다.

저녁노을이 처음 생길 때는 한참은 환하게 황홀합니다. 이렇게 한시적으로 황홀한 이 영역은 마음의 속성 가운데서는 밝은 양성陽性의 의식계意識系가 되었습니다.

그리고 또 한시적으로 환한 이 영역도 서서히 어둑해집니다. 이렇게 어둑하게 혼침昏沈한 영역은 마음의 속성 가운데서 이쪽 저쪽을 생각해 보는 중성中性의 잠재의식계潛在意識

系가 되었습니다.

그리고 또 어둑한 이 영역도 마침내는 캄캄해집니다. 이렇게 캄캄한 영역은 마음의 속성 가운데서 수면 상태와 같은 음성陰性의 무의식계無意識系가 되었습니다.

아, 보라. 이렇게 저녁노을의 현상과 똑같은 이치로 묘각의 빛 각성의 여명으로 생긴 마음의 속성 가운데서 독특한 세 가지 성질이 생기게 되었습니다.

이렇게 묘각의 빛 그 여명으로 생긴 이 마음의 속성 세 가지를 고전침구학에서는 삼맥三脈이라 이름 합니다.

이 마음의 속성 세 가지를 성리학에서는 삼강三綱이라 했습니다. 그리고 현대의학에서는 마음의 속성 세 가지를 D,N,A라 합니다.

우주물리학에서는 음성, 중성, 양성이라 하고, 마음의 속성 세 가지는 불가사의하게도 같은 것은 서로 밀고 다른 것을 서로 잡아당기는 정반합正反合 작용을 합니다. 이를 필자는 동반이합同反異合이라 합니다. 저 정반합 작용으로 말미암아 일체의 만법은 삼위일체로 행위를 하고 있습니다.

과연 이렇게 불가사의한 마음의 수수께끼를 누가 어떻게 대답을 해주겠습니까? 저 인도의 석가세존은 이미 그 불가사의한 마음의 수수께끼를 수능엄경에서 은밀히 밝혀 두셨습니다.

그러나 그 심심미묘한 여래밀인如來密印을 누가 감히 어림이나 하겠습니까. 천만다행으로 죄 생이 금생에 부처님의 가피력으로 마음의 생원설을 밝히면서 세존의 깊은 은혜에 엎드려 큰 절을 올립니다.

안녕

5. 마음 너머를 본 성자들

무엇을 깨닫고 알았다면 지금 자신이 쓰고 있는 마음을 보지 말고 마음 저 너머에 깨어 있는 묘각妙覺의 빛 각성覺性을 보았어야 합니다.

그렇다면 동양의 성자 노자老子와 장자莊子와 공자孔子님은 과연 자신이 쓰고 있는 마음 너머에 있는 묘각妙覺의 빛 각성覺性을 보았을까요? 전설도 기록도 없으므로 자세히 알수는 없습니다. 하지만 그분들은 자신의 마음 저 너머를 항상 주시하며 조용히 살다가 가신 성자들입니다.

공자님의 경우는 노자나 장자처럼 무사안일의 적정을 취하지 않았습니다. 노자나 장자는 비산비하에서 독거를 하신 독각들입니다.

하지만 공자님은 대승 보살의 삶을 상징하는 소를 타고

다니신 분입니다. 그래서 공자님은 거룩한 도덕성으로 참다운 사람이 되는 인격완성의 도道를 동방에 널리 펴신 성인이십니다.

보다 높고 방대한 학문을 체계적으로 정리를 잘 하셔서 후세에 전한 종합대학의 총장과 같은 대선지식입니다.

보다 놀라운 사실은 공자님도 석존처럼 마음의 밑바탕을 보는 깨달음의 도道가 있었습니다. 그런데 어찌 해서 공자님의 교훈을 받드는 유교 집안에서는 마음을 뛰어넘는 공자님의 깨달음의 도가 전해오고 있지 않게 되었을까요?

지금도 저 성균관의 유학자들은 공자님의 윤리도덕관으로 수놓은 의관만 입고 있습니다. 바로 이것이 유교집안의 불가사의 수수께끼입니다.

공자님의 참 도의 진수는 의식 확장인 깨달음에 있었습니다. 그 도道는 우리들 마음 저쪽에서 빛나고 있는 묘각의 빛각성을 음성륜音聲輪으로 깨닫게 한 관청법觀聽法에 있었습니다.

바로 이 관청법이 공자님의 상투 속에 숨어 있는 깨달음의 도道입니다. 그 도道는 들음을 돌이켜 듣는 법(觀聽法)입니다.

관청법은 밖의 소리를 귀로 듣지 않고, 마음으로 듣고, 마

음으로도 듣지를 말고 각성(氣)으로 들으라고 하신 공자님의
법입니다. 공자님은 이를 심제心齊라 하셨습니다.

그렇다면 공자님이 직접 말씀한 그 심제론心齊論은 과연
무엇인가를 자세히 밝혀 보겠습니다.

심제전법心齊傳法 이야기

공자님에게 가장 사랑한 제자가 있었으니, 그는 안자顔子
입니다. 안자顔子는 모든 면에서도 훌륭했지만 특히 공자님
께서 먼 타국으로 떠돌이 생활을 하실 때에 끝까지 따라다니
며 시봉을 잘한 큰 제자입니다.

뿐만 아니라 안자顔子는 공자님의 가슴에 가장 많은 눈물
을 뿌리게 한 장한 살신성인殺身成仁의 공훈功勳이 있는 제자
였습니다.

공자님은 천하가 다 아는 도덕군자이기도 하지만 오늘날
세계만방의 교육기관인 학교를 창시한 시조 할배이기도 합
니다. 공자님은 종합대학 총장과 같은 대학자입니다. 그렇다
보니 공자님의 곁에는 항상 서책자가 산더미같이 따라다녔
습니다. 그 산더미 같은 책이 오늘날 종이쪽 장서 같으면 얼

마나 좋았겠습니까.

　당시에는 종이에 찍은 인쇄물이 아닌 목판이나 대쪽에다 쓴 서적물입니다. 그렇다 보니 공자님이 어디로 한번 이동을 하실 때에는 몇 대의 수레나 우거에 서적물을 가득가득 싣고 다녀야 했습니다.

　한 때에 공자님은 먼 나라로 출국을 하시게 되었습니다. 동시에 저 엄청난 장서들도 함께 이동을 하게 되었습니다.

　무진난행 고행자 보살도가 다 그렇듯이 공자님도 한평생을 떠돌이 생활을 하셨습니다. 가진 것이란 공자님에게는 글 쓴 서장물밖에는 없었습니다. 그런데 그 많은 서장물들을 가득가득 실은 수레가 길 없는 길을 가다가 그만 벼랑을 뒹굴며 떨어져 하필이면 어쩌자고 큰 물 웅덩이로 풍덩 하고 빠지고 말았습니다.

　이 기막힌 낭패를 당하신 공자님도 아연실색을 하시며 지켜만 보고 계셨습니다. 구처 없이 당하게 된 놀라운 참경을 곁에서 지켜본 안자顔子가 그만 풍덩 하고 흙탕물 물구덩이로 뛰어들었습니다. 안자顔子는 흙탕물 속을 들송날송해 가면서 책자 꾸러미를 밖으로 건져 내었습니다. 하지만 안자顔子는 결국 흙탕물에 기도가 막혀서 숨을 거두고 말았습니다.

　졸지에 하늘이 무너지는 애통한 참경을 당하신 공자님은

평생 안자의 장한 죽음을 애통해 하다가 임종에 이르러서도 안자顔子의 이름을 크게 부르시다가 운명을 하셨다고 합니다.

　바로 그 안자顔子가 어느 때 공자님께 이렇게 여쭌 말씀이 있었습니다.

　"스승님 제가 초나라로 가서 제국주의 폐왕과 호전주의 군신들을 선도를 좀 하고 돌아오겠습니다."

　안자의 말씀을 듣고 계시던 공자님은 이렇게 반문을 하셨습니다.

　"네가 무슨 변재로 아집불통의 폭군들을 선도한단 말이냐?"

　그렇게 묻자 안자顔子는 쉽게 말씀을 올렸습니다.

　"스승님의 교지대로 덕치로 훈도를 하겠습니다."

　그러자 공자님은 안자顔子를 기특히 보시면서

　"네가 먼저 닦아야 할 마음을 맑히고 밝히는 심제心齊가 수양이 되어 있지 않고서는 그 누구도 구제할 수가 없단다. 그러니 내가 너로 하여금 너 자신의 마음 너머에 빛나고 있는 각성覺性을 맑히고 밝히는 심제법心齊法을 주마."

　하시고는 안자顔子에게 마음의 문을 여는 깨침의 심제론心齊論을 들려주시려고 하자 안자가 반문을 했습니다.

"스승님 저는 본시 가난하여 술 먹고 고기를 금한 지도 오래입니다. 그런데 어찌 제 마음이 밝고 맑지 않다고 하겠습니까?"

공자님이 반문하는 안자를 딱하게 보시며 하시는 말씀이

"네가 아는 심제心齊는 세속에서 제삿날 주육을 피하고 몸을 정제하는 제례의 법도의 심제일 뿐이다. 그러나 마음을 깨닫는 심제론心齊論이 별도로 있느니라."

하시면서 다음과 같은 말씀을 전해 주셨습니다.

"귀로 듣지 말고 마음으로 듣고, 마음으로 듣지 말고 각성(氣)으로 들어라."

이 말씀의 내용은 마음 너머에 빛나고 있는 묘각의 각성을 귀띔해 주신 말씀입니다.

공자님은 이미 묘각의 빛 각성을 터득하고 계셨던 법문입니다. 이 말씀의 내용은 관세음보살이 성도하신 수행의 방편과 일치합니다. 그 방편의 이름을 이근원통법耳根圓通法이라 합니다.

'귀로 듣지 말고 마음으로 듣고, 마음으로 듣지 말고 각성(氣)으로 들어라.'

공자님이 안자에게 준 이 말씀의 깊고 높은 뜻은 이렇습니다.

밖에서 들어오는 소리에 관심을 두지 말고 듣는 귀의 청
각을 의식하고 그 청각을 의식하는 식심識心을 깨닫고 아는
각성覺性으로 주시하라는 말씀입니다.

귀에 들리는 소리에 관심을 두지 말라는 의미로 하신 말
씀이 '귀로 듣지를 말고 마음으로 들어라'입니다. 또 '마음으
로 듣지를 말고 각성(氣)으로 들어라' 하신 말씀의 뜻은 '마음
으로 듣는 소리를 의식하는 식심을 깨닫고 다 아는 각성으로
주시를 하라' 하신 말씀입니다.

이렇게 소리를 듣는 귀를 버리고 청각을 의식하고 청각을
생각하는 식심을 버리고 그 식심을 각성으로 주시하라는 깊
고 높고 먼 관청觀聽의 요령입니다.

이렇게 관청觀聽을 하다 보면 그 어느 날 듣는 소리의 귀
도, 소리를 의식하는 청각도, 청각을 주시하는 각성의 관청觀
聽도 홀연히 묘각妙覺의 빛 각성覺性 속으로 함께 증발하면서
신통 대광명장인 묘음妙音의 법계法界가 활짝 열립니다.

공자님은 이미 귀로 듣지 않고 마음으로 듣고, 마음으로
도 듣지 않고 각성으로 듣는 이근원통耳根圓通삼매를 벌써 성
취하셨던 대성인이십니다.

그러므로 한때에 오백의 제자들이 동시에 질문을 한 오백
개 질문의 내용을 한 치의 오차도 없이 일시에 다 정확히 대

답하셨다는 기록이 있습니다.

그래서 성인 성聖자를 파자로 풀면 그 뜻은 공자님의 심제론心齊論과 같습니다. 귀(耳) 구멍(口)에 맡기다(王)란 뜻이 되고 있습니다.

공자님의 깨달음으로 들어가는 지혜도 이렇게 삼세제불의 수행법과 다르지 않았습니다. 뿐만이 아니라 지혜와 복덕을 두루 갖춘 거룩한 대장부의 상호도 갖추고 계셨습니다.

아무리 많이 알고 아무리 뛰어난 영웅호걸이라도 공자님처럼 원만한 상호를 제대로 갖추지 못하면 그냥 기인이거나 귀재일 뿐입니다.

슬픈 나일 강 이야기

그런데 참으로 지구촌에는 이상한 나라가 있었습니다.

중동에 있는 그리스나 이집트나 이스라엘 같은 나라들입니다. 인류 문명의 발상지이기도 한 중동 제국은 참으로 이상한 국토입니다. 어째서 사람이 사람의 마음을 아는 각성覺性에 대한 얘기를 하면 왜 다 죽여 버릴까요?

실재하지도 않고 사람의 눈에 보이지도 않는 허구의 신神

을 숭배하고 찬탄하는 말을 해야지 만약에 제 스스로 쓰고 있는 마음속에 빛나고 있는 각성에 관한 이야기를 하면 모조리 다 죽여 버렸습니다. 이것이 인류역사상 가장 무서운 맹신의 죄악입니다.

그 죄목도 참으로 서글픈 '신神을 배신했다는 배신죄'입니다. 세상에 있지도 않은 신을 어떻게 누가 배신할 수가 있습니까? 저 어불성설의 무고죄에 걸려서 사약을 받은 그 대표적인 철학자 몇 분이 계십니다. 피타고라스, 헤라 클레토이스, 소크라데스 등입니다.

물론 예수님도 저 광신자들의 무고죄로 십자가를 짊어지셨고 그 십자가의 기적으로 왜곡된 신의 역사를 잠재우고 새롭고 새로운 인류 지혜의 신기원을 설정한 대단한 성인이십니다. 이분들은 일찍이 자신의 마음 너머에 빛나고 있는 묘각의 각성을 힐끗이라도 보신 분들입니다.

그 좋은 예로서 특히 헤라 클레토이스는 제자들이 보는 앞에서 흐르는 강물에 스스로 풍덩 뛰어들어가 서 계시면서 제자들에게 이렇게 말씀을 하셨습니다.

"나는 한 강물에 잠시도 머물러 있을 수가 없다."

이 말씀의 참 뜻을 잘 이해해야만 합니다. 왜냐하면 지금 온 세상 사람들은 마음에는 관심도 없을뿐더러 마음의 파편인 말초신경을 극도로 즐기고 있기 때문입니다.

혜라 클레토이스 선생이 비유한 흐르는 강물은 지금 우리들이 쓰고 있는 마음을 은유하고 있습니다.

지금 우리가 쓰고 있는 마음은 잠시도 머물러 있지 않습니다. 저 강물처럼 쉼 없이 흐르고 있습니다. 물같이 흐르는 마음을 따라 다니지 말고 내가 지금 흐르는 강물에 서서 흐르는 강물을 지켜만 보듯이 너희들도 끝없이 흐르는 너희 마음을 지켜만 보라는 메시지입니다.

흐르는 강물과 같은 마음을 잠깐이라도 지켜만 본다면 어지러운 마음으로부터 잠시라도 해방될 것입니다. 마음으로부터 해방된 그 자유가 얼마나 감미로운가를 맛 볼 것입니다.

바로 혜라 클레토이스가 강물에 서서 흐르는 강물을 지켜만 보듯이 지금 내 안에 만고부동의 각성으로 흐르는 마음을 지켜만 본다면 조건 없는 행복이 무엇인가를 깨달을 것입니다.

묘각妙覺의 빛 각성覺性은 만고로부터 영원한 미래에까지도 조금도 움직이지 않습니다. 바로 그 부동성인 묘각의 빛 각성을 대신해서 혜라 클레토이스는 흐르는 강물에 서 있었던 것입니다.

피타고라스나 헤라 클레토이스는 제자들에게 자신들의 몸과 마음을 환히 지켜만 보는 각성을 깨닫게 해 주시려고 형설의 메시지로 흐르는 강물에 뛰어들어 서 계시면서 '나는 잠시도 한 강물에 머물러 있을 수가 없다.'라고 하셨던 것입니다.

삼세제불도 흐르는 마음을 지켜만 볼 뿐입니다. 공연히 쉼 없이 흐르는 마음을 가지고 어디 한 곳에 붙들어 매려고 하거나 절대로 망각의 늪으로 집중을 시키려고 하지를 않습니다.

그런데 별난 수행자들은 마음을 한 곳에 붙들어 매려고 합니다. 그리고 산만한 정신을 한 곳에 집중시키려고 애를 씁니다. 절대로 마음을 한 곳에 집중시키는 정신통일이 아닙니다. 그 반대입니다. 방관입니다. 마음의 파도를 마냥 춤추게 합니다. 신심을 지극히 자유롭게 지켜만 보는 방관입니다.

수행의 천마는 정신집중입니다. 정신집중이 아닌 방관의 지혜를 헤라 클레토이스는 흐르는 강물에 서서 스치고 지나가는 강물을 지켜만 보는 방관의 지혜를 보여 주셨습니다.

저 나일강 유역의 사막에서 꽃을 피우다가 시들어 버린 피타고라스와 더불어 사약을 받은 철학자들의 깨침의 미학은 저 선가의 달마대사가 면벽구년面壁九年의 수행을 마치시고 남기신 유명한 법문과 동일합니다.

관심일법 총섭제행觀心一法 總攝諸行이라 하신 법어와 조금도 다르지 않습니다. '마음을 지켜만 보는 이 관심법觀心法은 수행을 하는 만 가지 방편을 하나로 다 묶은 깨달음의 길이 된다.'라고 하신 법어와 모두 일치합니다.

그러므로 후학들은 오직 흐르는 강물과 같은 마음을 지켜만 보는 명상을 하십시오. 공연히 광속으로 내닫고 있는 어지러운 마음의 파편을 가지고 수행을 한다면 마치 고양이 꼬리에 매단 솔방울의 신세가 됩니다.

삶과 죽음까지도 지켜만 본 철학자들

서양의 유명한 철학자 세 분은 국가가 주는 사약을 미소를 지으며 꿀같이 달게 받아 잡수셨습니다. 그 사약의 독기로 정신이 몽롱해지면서 육체가 서서히 죽어 가는 심경을 곁에 앉아서 임종을 기다리고 있는 제자들에게 소상히 생중계까지 하셨습니다.

"이제 손발과 온몸이 무감각하게 서서히 굳어지고 있구

나. 그리고 지금 내 입술이…" 하시고는 빛나는 침묵의 각성 세계로 입적을 하셨습니다.

이렇게 삶과 죽음을 초롱초롱한 각성의 혜안으로 지켜 본 서양의 성자들의 마지막 입술의 뜻이 곧 절구학絶口學입 니다.

저 절구학絶口學의 고상한 명칭이 철학哲學입니다. 그러므로 철학哲學이란 철哲자를 파자로 풀면 입술이 절단되었다는 뜻에서 절구학絶口學이 됩니다.

그리고 학學자를 파자로 풀면 의식과 잠재의식과 무의식을 상징한 학자 두부의 뜻을 싹 밀어 버렸다는 뜻으로 만들어진 덮을 멱一자 밑에 아들 자子자를 쓰고 있습니다.

또 저 자子자를 파자로 풀면 한 일一자에 마칠 료了자가 되고 있습니다. 이 뜻은 하나의 각성을 요달했다는 뜻이 됩니다. 그래서 동양에서는 성자들의 이름 앞에는 반드시 자子가 붙어 있습니다. 저 노자老子나 장자莊子, 열자列子, 공자孔子님 등입니다.

이분들은 모두 마음을 싹 쓸어버리고 마음 너머에 빛나고 있는 묘각妙覺의 각성覺性을 보신 각자覺者들입니다. 그래서 동양에는 각성覺性을 깨친 성자들에게는 꼭 자子자가 따라 붙고 서양에서는 깨친 자의 마지막 입술이란 뜻으로 서양의 각자들에게는 철학자哲學者라고 하는 경칭이 따라 붙습니다.

이렇게 세계만방의 각자들은 삶과 죽음을 지켜만 보았습니다. 마치 우리가 타향으로 이리저리 떠돌이 생활을 한 것처럼 자子자가 붙는 동양의 성자나 서양의 철학자들은 항상 생사를 지켜만 보는 삶을 살아 왔기 때문에 자신들이 세세생생으로 생사를 윤회하면서 살아온 전생을 스스로 다 환히 보고 다 압니다.

그렇기 때문에 각자들은 무량 항하사겁을 났다 죽었다 해 온 자신의 과거 전 생사를 환히 다 봅니다. 마치 우리가 어제 그저께 겪은 일처럼 환히 다 보고 다 압니다. 이 같은 지혜의 눈을 불문에서는 혜안이라 하고 혜안으로 전 생사를 알고 보는 눈을 숙명통宿命通이라 합니다.

숙명통은 마음 저 너머에 항상 깨어 있는 묘각의 빛 각성의 눈을 뜨게 되면 누구나 다 끝없는 과거 전 생사를 다 보고 압니다.

아, 보라. 저 나일강 유역의 유명한 철학자들도 이와 같은 각성의 눈이 조금은 다 있었습니다. 생사를 지켜보는 눈이 있었습니다. 이러한 진실도 모르는 소경 같은 저 심맹들은 제 스스로 제 아버지의 징검다리를 타고 어머니의 태중으로 입태入胎를 한 사실조차도 까맣게 모릅니다. 그러나 깨달은 각자들은 부모의 애무로 입태해서 자신이 창조가 되는 전 과정을 환히 다 봅니다.

저 옛날 부처님의 제자 해공제일解空第一 수보리 같은 분은 어머니의 태중에 있으면서 시방세계로 여행을 다니면서 많은 중생들에게 설법도 했다는 기록이 있습니다.

각성의 혜안慧眼이 없는 일반 범부중생들은 다 제쳐두고 말입니다. 세상에 무얼 좀 깨쳤다는 분들께 묻습니다.

정말로 그대의 모태 애류사관을 아십니까? 제발 한 살 두 살 때의 기억도 없으면서 무얼 깨달았다는 망어는 삼가야 합니다.

죄 중에서 가장 무서운 죄는 깨달음이 무엇인 줄도 모르면서 깨달았다고 하는 망어妄語죄입니다. 입 조심들 하세요.

안녕

6. 마음으로 세계와 중생계가 생길 때의 이야기

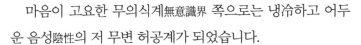

　마음이 고요한 무의식계無意識界 쪽으로는 냉冷하고 어두운 음성陰性의 저 무변 허공계가 되었습니다.

　그리고 밝고 따뜻한 양성陽性의 의식계意識界 쪽으로는 태양과 같은 광명한 세계가 되었습니다.

　그리고 중성의 잠재의식계潛在意識界 쪽으로는 의식과 무의식을 밀었다 당겼다 하는 행위로 나선형 정반합 운동의 속성이 생겼습니다. 이 나선 운동의 행위로 말미암아 허공계에 가득한 망상의 티끌을 휘몰아 굳혀서는 시방세계를 만들었습니다.

　그러므로 일체의 모든 존재는 모두가 둥근 원반형으로 생기게 되었습니다.

　바로 이 마음의 속성 세 가지가 서로 상보相補 상극相剋 상

생相生을 하는 행위가 마음으로 가서는 영혼을 굴리는 심리心理가 되었고, 물질로 들어가서는 물리物理가 되었으며, 중생의 육체로 들어가서는 생리生理가 되었습니다.

그러면 지금부터 이 마음의 속성 세 가지가 사람의 육신을 창조해 내는 불가사의한 신비를 이야기해 보겠습니다.

마음의 속성 세 가지를 고전침구학에서는 삼맥三脉이라 합니다. 저 삼맥三脉은 곧 마음의 생원설에서 말한 마음의 속성 세 가지, 의식과 잠재의식과 무의식을 말합니다.

마음의 속성 세 가지가 몸을 창조할 때는 등의 척추脊椎 터널로는 의식계를 총관장하고 있는 독맥督脉이 유주를 하고 있습니다. 그리고 복중腹中 터널로는 무의식계를 도맡아 관리를 하는 임맥任脉이 유주를 하고 있습니다. 그리고 중성의 잠재의식계 터널로는 대맥帶脉이 있습니다.

대맥帶脉은 등의 명문혈命門穴과 복중 배꼽의 신궐혈神闕穴을 중심으로 해서 나선형 원형질로 유주를 하고 있습니다. 바로 이 대맥帶脉이 전후좌우 상하로 나선형 유주를 하는 행위로 일단 절구통 같은 둥근 육신이 창조되었습니다.

절구통 같은 육신이 창조될 때에 마음의 속성인 삼맥三脉이 저 무변 허공계에 가득한 망상의 티끌인 우주의 원소 3321을 둘둘 말아서 지금의 우리의 몸뚱이를 만들어 내었습니다.

그때에 각성의 터널인 삼맥三脉이 한 덩어리로 회오리를 칩니다. 깨닫고 아는 각성覺性의 터널이 나선형으로 회오리 칠 때에 회오리의 극점은 곧 마음입니다. 바로 그 극점은 육신에서는 항문과 성기 사이에 있는 회음會陰이란 혈입니다. 회음혈會陰穴은 여성에게는 바로 자궁이 됩니다. 그리고 남성은 전립선 중심입니다.

고전침구학에서 말하는 혈穴은 마음의 회오리 블랙홀을 말합니다. 그래서 중생의 몸에는 혈이 무량하고 저 무변 허공계에는 블랙홀이 무량합니다.

모든 생명체의 몸에는 다 회음혈이 있습니다. 그 회음혈은 곧 일체중생의 마음이 다 모인 성기입니다. 그 까닭은 모든 중생은 삼맥이 하나로 블랙홀을 이룬 회음혈에서 소생을 하기 때문입니다.

그러므로 남성의 경우에는 고환과 항문 사이에 위치한 전립선 중심 부위가 되고 있으며 여성의 경우는 곧 생명을 잉태할 수 있는 자궁이 되고 있습니다.

각성覺性의 터널 삼맥三脈의 불가사의

　삼맥三脈은 회음혈會陰穴에서 동시에 발기를 합니다. 동시에 발기된 삼맥은 전후좌우상하의 육방으로 회오리치면서 일단 절구통 같은 몸통을 휘감아 놓았습니다.

　각성의 터널인 삼맥이 전후좌우상하 육방으로 유주를 할 때에 별표와 같은 큰 대大자로 유행을 합니다. 사람이 큰 대大자로 오대가 벌어지는 그 큰 조건이 있습니다. 그것은 마음의 다섯 가지 성질입니다. 그 마음의 성질은 색과 텅빈 허공을 보는 색음色陰과 보고 느끼는 수음受陰과 느끼는 현상을 생각하는 상음想陰과 생각을 굴리는 행음行陰과 기억을 하는 식음識陰입니다.

　삼맥이 마음의 다섯 가지 성질을 굴리는 큰 대大자 행위로 말미암아 절구통 같은 인체에는 오대五大라고 하는 머리와 양 팔다리가 뚜렷하게 벌어지게 되었습니다. 동시에 인체에는 동반 이합을 하는 오음五陰을 굴리는 오행五行의 속성으로 얼굴에는 오관이 뚜렷하게 되었고 상하 수족에는 각각 스무 개의 손발가락이 벌어지게 되었습니다. 동시에 손발가락의 지두指頭에는 삼맥의 낙관인 회오리 지문指紋이 생기게 되었습니다.

둔부臀部의 회음에서 발기한 삼맥은 일단 음양 양면성으로 반작용을 하면서 두부로 상행합니다. 두부로 올라가면서 얼굴에다가는 깨닫고 아는 각성의 토굴 육근六根(眼, 耳, 鼻, 舌, 身, 意)을 뚫어 놓습니다.

삼맥이 육근을 장엄할 때에 나선형으로 육근을 둥글게 만들어 놓고는 거기에다가 깨닫고 아는 각성의 파편 여섯 개의 불가사의 신경계 육경六經을 장엄해 놓았습니다.

또한 이 육경이 복중으로 몰입을 하면서 둘둘 말고 둘둘 뭉쳐서 육장六臟 육부六腑를 창조해 놓습니다. 바로 이 육경六經의 신비로 몸의 안팎의 감성을 깨닫고 아는 허망한 육식六識이 되고, 그것으로 하나의 행위를 하는 식심識心이 일어나게 되었습니다.

식심識心은 곧 육근으로 받아들인 정신작용을 말합니다. 이를 속칭 마음(心)이라 합니다. 이 육감 작용을 하는 여섯 개의 신경계통을 고전 침구학에서는 육경六經이라 합니다. 우리 몸에 실재한 저 육경六經이 육신의 안팎으로 정반합 작용을 하는 그 신비를 고전 침구학에서는 이렇게 밝히고 있습니다.

태양경(運動神經系)과 태음경(自律神經系)이 한 조로서 궁합을 이루고 있습니다.

양명경(知覺神經系)과 궐음경(迷走神經系)이 한 조로서 궁합을 이루고 있습니다.

소양경(感覺神經系)과 소음경(交感神經系)이 한 조로서 궁합을 이루고 있습니다.

바로 이 육경六經이 신체의 전후로 돌고 있는 신성불가침의 대맥帶脈 터널을 중심으로 해서 좌우상하로 연결이 되면서 육신에는 12락絡이라 이름하는 12신경이 전신을 실타래처럼 감겨 놓았습니다.

이렇게 묘각妙覺의 빛 각성覺性의 여명黎明으로 생긴 마음 摩陰의 속성 세 가지, 의식意識과 잠재의식潛在意識과 무의식 無意識의 속성을 가진 저 삼맥三脈이 육경六經과 12락絡으로 분열되면서 전신을 원형질의 나선형으로 기묘하게 휘감아 놓았습니다.

바로 그것이 사람입니다. 하지만 열등한 동물로부터 식물인 한 알의 씨앗에도 삼맥三脈의 불가사의는 다 똑같이 있습니다.

삼맥의 불가사의

저 마음의 속성인 삼맥三脈이 육체의 기틀을 만들 때에 각성의 큰 터널을 우선적으로 세 개를 먼저 뚫어 놓았습니다. 바로 그 큰 터널의 이름은 척추를 상하로 유주하는 독맥督脈입니다. 이 독맥督脈은 의식계를 담당하고 있음과 동시에 육체의 운동 신경계를 총괄하고 있습니다. 그리고 또 배꼽 신궐혈神闕穴과 등의 명문혈命門穴을 중심으로 해서 전후 원형으로 유주를 하는 대맥帶脈의 터널이 있습니다. 그 대맥의 터널에서는 창조의 신비를 관장하고 있음과 동시에 사유분별의 잠재의식계를 총괄합니다.

그리고 복부에서 상하로 유주를 하는 임맥任脈의 터널이 있습니다. 그 임맥任脈의 터널은 정적인 사랑과 평화를 도맡고 있으면서 수면과 같은 무의식계를 총괄하고 있습니다.

저 삼맥三脈이 통하는 세 개의 터널은 참으로 불가사의합니다. 삼맥三脈 육경六經 12락絡을 한데 모아 묶어 놓은 두뇌를 의근意根이라 이름하고 저 의근意根인 두뇌에는 전후좌우 상하 반대로 교감이 되어 있는 신경의 불가사의가 있습니다.

그래서 만약 좌뇌나 우뇌에 이상이 생기면 그 반대편 수족을 못 쓰는 반신불수가 됩니다. 또한 중뇌에 이상에 생기면 소아마비 같은 상하반신의 마비가 옵니다.

이 불가사의는 고전 침구학에서 밝히고 있는 삼맥三脉 육경六經 12락絡이 서로 역반작용을 하면서 육신을 창조한 신비 때문에 일어납니다. 하지만 첨단의학을 자랑하는 현대의학의 지식으로는 영원한 불가사의로 남아 있을 것입니다. 그것은 조상의 지혜를 무시하는 못된 후손들의 죄입니다.

또 만약 중뇌에 이상이 생기면 대맥大脉의 불가사의로 상하반신을 못쓰게 되거나 혹 X자 편신 마비도 옵니다. 이 또한 고전 침구학의 대맥帶脉의 불가사의를 모르고는 고칠 수도 없고 이치도 모릅니다.

아! 보세요. 어찌 저 삼맥의 불가사의가 중생에게만 있다고 하겠습니까?

무정물인 돌이나 쇠도 마찬가지입니다. 그래서 서로 치면 불꽃이 일어나고 녹이면 물이 되고 삭으면 흙이 됩니다.

그리고 저 식물의 종자인 씨앗의 불가사의를 또 보세요. 모든 종자의 씨앗이 싹을 틔울 때와 사람의 생리와 하나도 다르질 않습니다.

종자에서 싹이 틀 때를 잘 보면 회음혈會陰穴과 똑같은 음핵陰核에서 동시다발적으로 촉이 틉니다. 촉이 터서는 일단 양옆으로 잎이 벌어짐과 동시에 중심으로부터 원 줄기가 솟

구쳐 자라납니다. 그 원 줄기는 삼맥三脉의 임맥, 독맥과 같습니다.

그리고 양 옆으로 잎을 피움은 대맥帶脉의 속성과 하나도 다르지 않습니다. 식물의 잎 하나에는 침구학의 경락 학설이 그대로 형설이 되어 있습니다.

아, 보라. 이 모두는 저 마음의 속성인 삼맥三脉의 불가사의입니다.

삼맥의 신통한 얘기

인체를 만든 삼맥三脉도 처음에는 회음혈會陰穴에서 일어났습니다. 삼맥은 일단 등의 척추와 복부의 배를 중심으로 해서 전후로 함께 상행을 합니다. 물론 이때에 대맥帶脉도 독맥督脉과 임맥任脉을 바짝 따라붙어 같이 동행을 합니다. 다만 함께 동행을 한 대맥은 등의 명문혈命門穴과 배꼽의 신궐혈神闕穴에서 전후좌우상하로 정반대로 교차합니다. 이렇게 전후좌우로 교차하는 반작용으로 말미암아 육신에는 눈과 귀가 양쪽으로 분리되었습니다.

양 눈과 양 귀와 두 개의 콧구멍이 생기게 되었습니다. 아울러 두부 뇌신경계에도 좌뇌와 우뇌로 갈라지게 되었고 중뇌에는 뇌간이 생기게 되었습니다. 이로 인해서 좌뇌나 우뇌에 이상이 생기거나 중뇌에 문제가 생기면 반드시 좌우 반신마비나 상하 반신이 마비가 되는 질환이 생기기도 합니다.

또한 불가사의한 삼맥이 역으로 교감을 시킨 육경六經 12락絡의 신통으로 얼굴에는 마음을 읽을 수 있는 육감의 감정 표현이 자유롭게 되기도 합니다.

이렇게 삼맥三脉이 양면성으로 서로 동반이합을 하는 반작용으로 말미암아 신체의 운동도 자유롭게 되었습니다. 이러한 신체운동의 불가사의는 모두 잠재의식계를 총괄하고 있는 대맥帶脉의 신통입니다.

아직도 해부의학에서 불가사의로 남아 있는 정신 신경계를 제대로 알자면 반드시 의학자들은 고전 침구학을 알아야 합니다.

저 우주의 불가사의나 신체의 신비는 모두가 마음입니다. 마음의 신비를 제대로 알지 못하면 아무것도 안다고 할 것이 없습니다. 그러므로 마음의 생원설을 꼭 읽어 보아야 합니다.

몸의 정신 신경계통을 제대로 알자면 지금 필자가 거듭 밝히는 삼맥설을 제대로 알아야만 합니다. 깨닫고 아는 각성의 터널로 삼맥三脉이 유주할 때에 삼맥이 좌우 양면으로 갈리면서 육경六經이 되고 저 육경이 대맥을 중심으로 해서 상하로 교감이 되면서 12락絡이라 이름하는 12신경이 되었습니다. 이 12신경이 전신만신을 안팎으로 실타래처럼 둘둘 감아 놓았습니다.

저 삼맥三脉은 처음부터 나선형으로 휘감아 도는 불가사의로 여성의 육신에는 블랙홀과 같은 자궁을 만들어 놓았습니다. 그리고 그곳으로부터 월수라 하는 월경月經을 흘려보냄으로써 생명의 유전자를 받아들이게 되었습니다.

한편 여성은 자궁에서 흘러내리는 생리로 말미암아 턱에 수염이 없습니다. 반대로 남성은 삼맥三脉의 열정을 밖으로 사출射出시키는 바람에 남성의 성기는 밖으로 튀어 나오고 치솟는 열정의 성질로 남성은 턱에 수염이 자랍니다.

또한 여성은 밑으로 흐르는 월수가 있음으로 음성은 물 흐르는 소리같이 부드럽고 고우며 남성은 불타는 소리같이 걸걸 합니다.

자, 보세요. 저 묘각의 빛 각성의 여명으로 생긴 마음의 속성으로 사람이 창조가 될 때에 삼맥三脉이 회음에서 발기를 합니다.

삼맥이 얼굴로 올라가서는 면부에다가 여섯 개의 토굴을

뚫어 놓고는 거기에다가 태초부터 시방세계에 두루해 있는 각성의 파편인 식심識心을 육근에다 입력시켜 놓았습니다.

그러므로 이 식심이 눈으로 가서는 보고 아는 안식眼識이 되었습니다. 그리고 귀로 가서는 이식耳識이요, 코로 가서는 비식鼻識이요, 혀로 가서는 설식舌識이며, 몸으로 가서는 신식身識이고, 머릿속 뇌신경계로 들어가서는 의식意識이 되었습니다.

이 육식六識을 식심識心이라 하고 이 식심을 속칭 마음(心)이라 합니다.

또 저 삼맥三脉이 전신의 피부를 나선형으로 휘감아 도는 바람에 피부도 나선의 횡문이 수두룩하고 또한 피부 밖으로 자라나는 모발과 털까지도 모두가 나선형으로 뒤틀려서 자라나게 되었습니다.

그러므로 두정의 백회에는 머리털로 나선의 회오리를 돌려놓고는 이를 속칭 가마라 합니다. 감아서 부쳤다는 뜻으로 가마라 하고 이 둥근 가마는 곧 불가사의한 삼맥三脉의 낙관입니다. 지금까지 필자가 이야기한 인간 창조의 신비를 누가 불신한다면 크게 두 가지만 물어 볼게요.

정말로 지금 그대가 쓰고 있는 마음을 아느냐? 말입니다. 그리고 그대의 손발가락에 생긴 지문은 어째서 생기게 되었는가를 아느냐고 말입니다.

　아무튼 필자가 설한 이 모든 이야기는 석가세존께서 이미
다 밝혀 놓으신 말씀입니다. 다만 심히 어렵고 난해한 세존
의 말씀의 기록들을 필자가 쉽게 이야기로 풀어 놓았을 뿐입
니다.

　그러므로 필자는 천하에 그 누구도 무서울 게 하나도 없
는 사람입니다.

　안녕

7. 묘각妙覺과 각성覺性 이야기

비유하면 묘각妙覺은 태양이고 각성覺性은 그 태양의 빛입니다. 그러므로 묘각의 빛은 각성입니다. 이 각성을 깨닫는 성품이라 해서 성각性覺이라고도 경문에는 기록이 되어 있습니다.

필자는 성각性覺을 각성覺性이라고 고쳐서 씁니다. 여하간 묘각의 빛은 곧 각성입니다.

논사들이 말하는 본 체體와 쓰이는 용用으로 말하자면 묘각은 본체本體가 되고 각성은 쓰이는 용用이 됩니다.

그러므로 묘각의 빛인 각성은 두루 묘하게 응용應用이 됩니다. 실로 체體와 용用은 일체의 만법에서 서로 상호 보완적 관계이기 때문에 서로 다르지 않습니다. 그러므로 묘각과 각성은 곧 둘이 아닌 하나입니다.

모든 종교의 일급비밀은 곧 바로 체體와 용用인 묘각과 각성입니다. 묘각은 원형질로 생긴 둥근 거울과 같이 명묘明妙하게 밝습니다. 그 묘각의 성품의 빛인 각성은 묘명妙明합니다.

그래서 거울 자체는 둥글지만 일체를 두루 다 밝게 비추는 명경은 온갖 것이 그 속에 아무리 들숭날숭을 해도 나고 든 흔적이 하나도 없습니다. 이렇게 각성은 일체를 먹었다 토했다 하지만 그 각성 속에는 티 하나도 없이 깨끗합니다.

바로 이것이 저 묘각의 빛 각성의 불가사의입니다. 그러므로 거울과 같은 저 묘각의 각성을 여래장如來藏이라고도 합니다.

여래장如來藏인 묘각의 빛 각성은 몸과 마음을 두루 다 깨닫고 두루 다 압니다. 몸과 마음의 일체 행위와 먹장같이 캄캄한 무지한 심경도 다 들추어 보여줍니다. 이렇게 신비로운 묘각의 각성을 우리는 다 가지고 살고 있으면서도 일체중생들은 까맣게 모릅니다.

다만 저 묘각의 빛 각성의 여명으로 생긴 허망한 지금 쓰고 있는 마음이 다 아는 줄로만 착각을 하고 있습니다. 바로 이렇게 엄청난 착각을 깨우쳐 주려고 필자는 지금 이 글을 쓰고 있습니다.

지금 일체중생이 쓰고 있는 마음은 묘각의 빛 각성의 여명으로 생겼습니다. 비유를 하면 빛으로 생긴 그림자와 같습니다. 그림자는 빛을 전연 볼 수가 없습니다. 그러므로 일체중생들의 묘각의 빛 각성을 전연 모릅니다.

어림도 못합니다. 그래서 묘각의 빛 각성을 까맣게 모릅니다. 다만 저 어리석은 중생들은 지금 쓰고 있는 마음이 일체를 두루 다 깨닫고 아는 줄로만 착각을 합니다.

어두운 그림자는 밝은 빛을 전연 볼 수가 없습니다. 그러므로 마음 저쪽에 태양의 십조 배나 밝은 명묘明妙하고 묘명妙明한 묘각의 각성을 어찌 알겠습니까?

마음 저쪽에 무엇이 있는 줄도 모릅니다. 모두가 지금 쓰고 있는 마음이 제 몸과 제 마음의 망상을 다 깨닫고 아는 줄로만 착각을 합니다.

착각을 할 수밖에 없습니다. 그 까닭은 실제로 묘각妙覺은 밝음이 너무나 묘하여 지금 우리가 힐끗 보는 저 태양의 십조 배나 밝기 때문입니다.

마치 땅속에 사는 두더지가 태양빛을 볼 수가 없듯이 그와 마찬가지로 일체중생들은 묘각妙覺의 빛을 상상도 못합니다.

우리가 쓰고 있는 몸과 마음은 묘각의 거울에 다 드러나지만 흙탕물과 같은 몸과 마음의 거울에는 제 얼굴도 비치지 않습니다. 다만 묘각의 거울 여래장에서만이 일체중생의 몸과 마음이 다 드러날 뿐입니다.

우리는 제 눈이 제 눈을 스스로 보지 못합니다. 또 제가 쓰고 있는 식심은 제 마음을 모릅니다. 이런 까닭으로 제 자신의 몸과 마음을 항상 환히 다 비추고 있는 묘각의 빛 각성을 우리는 전연 깨닫지 못합니다.

그대의 몸과 마음을 아는 자는 누구냐?

지금 필자는 부처님의 위신력으로 이 글을 쓰고 있습니다.

누구나 자기 자신의 몸과 마음은 너무나 잘 압니다. 분명히 자신의 몸과 마음을 밝게 다 깨닫고 압니다. 이렇게 밝게 깨닫고 아는 이것은 지금 우리가 쓰고 있는 캄캄한 마음이 아는 것이 아닙니다.

다 아는 자는 바로 곧 묘각의 빛 각성입니다. 묘각의 빛 각성으로 지금 내 몸과 마음을 두루 다 환히 깨닫고 압니다. 알고는 있지마는 막상 이것이 묘각의 빛 각성인 줄을 까맣게 모를 뿐입니다.

까맣게 모르는 이 무지를 어쩌면 좋을까요?

비유를 해보면 저 묘각妙覺은 하나의 둥근 거울입니다. 저 원형질로 생긴 둥근 거울은 일체를 두루 다 환히 밝게 드러내어 보여줍니다. 밝게 비추어 주는 이것이 곧 묘각妙覺의 거울입니다. 밝은 명경은 자신의 얼굴과 세상 만상을 있는 그대로 다 비추어 주고 깨닫고 알게 합니다. 그래서 묘각이라 합니다. 저 묘각의 거울은 만약 내가 몸이 아프면 아픈 상태와 아픈 심경을 있는 그대로 다 드러내어 보여줍니다.

묘각의 거울은 마음에서 일어나는 밉고 곱고 기쁘고 슬프고 두렵고 고달픈 모든 몸과 마음의 심경을 있는 그대로 다 보여주고 깨닫고 알게 해 줍니다.

그래서 저 묘각의 빛 각성은 크게는 무변 허공계를 두루 다 머금고 있으며 작게는 미진 속에 살고 있는 세균 바이러스의 지각까지도 다 깨닫고 알게 해 줍니다.

그래서 내 몸이 좋은 일을 했다면 죽어 천당의 환희로움을 두루 다 깨닫고 알게 해줍니다. 만약 악독한 죄를 지어서 지옥을 가면 무량한 고뇌의 무시무시한 환각의 공포를 세세히 다 깨닫고 알게도 해줍니다.

비유를 하면 저 뜨거운 태양의 빛은 밤에는 피할 수가 있지만 그대 묘각의 각성은 있고 없음은 물론 있지도 없지도 않은 데까지도 두루 다 어디라 없이 따라 다니며 비추어 주는 것과 같습니다. 그러므로 그대의 행위 하나 마음으로 생각하는 사념 하나 잘하고 잘못하고 잘하지도 잘못하지도 않은 저 무량한 업보를 어디든 묘각의 빛 각성은 따라 다닙니다.

우리의 마음은 입자 분의 -18승에 있습니다. 우리의 묘각은 마음 분의 -21승에 있습니다. 이렇게도 철저히 아무것도 없는 무극의 실상을 무상지상無相之相이라 합니다. 이 같은 무극의 무상지상無相之相이 곧 묘각의 빛 각성입니다. 바로 이 묘각妙覺의 상 없는 상(無相之相)은 그대가 무간지옥을 가든 극락을 가든 깨달음의 해탈열반으로 가든 어디라 없이 항상 따라 다닙니다.

그래서 세존은 묘각을 둥근 거울에다가 비유를 많이 하셨습니다. 두루 다 깨닫고 두루 다 드러내어 보여주는 묘각의 성품이 둥근 거울과 흡사하기 때문입니다.

그래서 두루 원圓자에 깨달을 각覺자를 써서 원각圓覺이라 이름 하셨습니다. 둥근 거울과 같은 원각圓覺은 지금 우리가 쓰고 있는 마음의 미세한 행동거지도 속속들이 다 비추어 줍니다. 그러므로 알고 모르고, 알지도 모르지도 않는 것까지를 온통 두루 다 깨닫고 알게 해줍니다.

또 원각圓覺은 마음이 있고 없고, 있지도 없지도 않은 마음까지도 두루 다 깨닫고 알게 해 줍니다. 또 원각圓覺은 마음이 밝고 어둡고, 밝지도 어둡지도 않은 것까지를 두루 다 깨닫고 알게 해 줍니다. 이런 줄이나 알고 어서들 묘각의 빛 각성으로 돌아갑시다.

안녕

8. 마음의 시녀 장식藏識의 불가사의 이야기

　사실은 중생들의 몸과 마음은 일심동체一心同體라서 분석이 불가능합니다. 몸과 마음은 하나로 통일장을 이루고 있기 때문입니다. 그래서 몸과 마음은 아무리 분리시켜 보려고 해도 절대로 분리가 되지 않습니다. 몸속 어디에서도 마음은 찾을 수 없습니다. 다만 신색의 행위로만 마음을 읽을 뿐입니다. 그러므로 이 몸을 버리고 나면 그 어디에도 마음은 없습니다.

　공간과 시간도 그렇습니다. 흐르는 시간과 움직이지 않는 허공도 한가지입니다. 동하는 시간 속에서 허공을 찾을 수 없고, 부동하는 허공 속에서 움직이는 시간을 찾을 수는 없습니다. 그러므로 신심身心과 시공時空은 둘도 하나도 아닌 중생소견으로만 느끼는 허망입니다.

이러한 허망 집착의 망견으로 존재하는 몸과 마음을 가지고 신심을 각각 분리시켜 보려고 들면 독일의 정신분석학자 프로이드처럼 곤욕을 치르게 됩니다.

설령 이 몸이 죽어서 없어진다 손치더라도 자신이 가지고 있던 몸과 마음은 분리되지 않습니다. 비록 몸은 죽어서 화장이나 매장을 했다 하더라도 몸과 마음은 함께합니다. 그 까닭은 몸과 마음의 그림자를 중음신中陰身이라 하는데 영혼의 몸이라 하는 중음신은 그대로 있기 때문입니다.

무엇을 중음신中陰身이라 하는가?

육체를 만들고 있는 체격은 골격이지만 그 골격 속에 숨어 있는 영혼은 정신 신경입니다. 그 정신 신경을 깨닫고 아는 자는 묘각의 빛 각성입니다.

정신 신경의 몸에 각성이 함께하는 몸을 혼신魂神이라 이름합니다. 물론 혼신은 눈에는 안 보입니다. 눈에는 보이지 않지만 누구나 꿈은 꾸어 보았을 것입니다. 꿈속에 다니는 자신의 몸을 많이도 보았을 것입니다. 이렇게 몽중에 다니는 것과 같은 몸을 중음신이라 합니다.

중음신은 산울림의 메아리 같고 손뼉을 치면 스스로 울리는 소리와 같은 것입니다. 그래서 죽은 사람의 몸을 혼신魂身이라 합니다.

영혼의 몸은 살아서는 육체와 마음으로 함께하고 죽어서는 혼신이 되어서 깨닫고 아는 각성과 함께합니다.

그러므로 저 시공이나 이 몸과 마음은 죽으나 사나 분리가 절대로 불가능합니다. 어찌 이뿐이겠습니까? 내가 지어 놓은 업신業身이란 게 또 별도로 있습니다.

내가 선행을 잘 했다면 나의 혼신이 스스로 빛을 내는 몸을 얻어서 광명한 천국으로 환생을 하지만 내가 무서운 악업을 지었다면 혼신이 불타는 화택신을 얻게 됩니다. 이렇게 내가 지어 놓은 선행과 악행의 여하에 따라서 항상 그림자처럼 따라 다니는 몸을 업신業身이라 합니다.

이러한 진실을 전연 모르고 자살을 함부로 희망하는 저 어리석은 망령들에게 부탁하노니 그대의 몸이 죽어서 없어졌다고 해서 그대의 영혼도 함께 따라서 죽을 수 있다면 얼마나 좋겠습니까? 하지만 어림없는 착각입니다.

필자도 세 번을 죽어 보았습니다. 그런데 말입니다. 자살을 희망하는 사람들은 누구나 똑같은 생각을 합니다. 이 몸이 죽으면 영원히 나란 영혼도 죽어 없어진다고 생각을 합니다. 그러나 어림없는 착각입니다. 어림없는 무식한 소견머리부터 깨어 부수어야 합니다. 영혼의 불멸성을 전연 모르는 어리석은 꿈에서 깨어나야 합니다.

그대가 자살을 한다고 해서 영혼도 따라 죽어만 준다면 얼마나 좋겠습니까? 그런데 뜻밖에도 오히려 현실보다도 더 무시무시한 저세상이 별도로 있음을 귀띔해 드리니 그런 줄이라도 알아야 합니다.

물론 필자의 경우는 좀 다릅니다만 필자도 세 번이나 자살을 실험해 보았습니다.

그런데 죽어서 영원히 없어지려고 해도 절대로 영원히 없어질 수 없는 무엇이 있습니다. 그 무엇은 쳇바퀴 돌 듯 하는 혼신의 몸 마음입니다. 마음의 몸이 별도로 있음을 깨닫고는 그 후론 생사의 수레바퀴를 따라 다니는 어리석은 마음을 멀리해 버렸습니다.

죽고 살고 할 것도 없는 깨닫고 아는 각성覺性의 몸 법신法身을 얻어야만 합니다. 그러므로 저는 법신法身을 얻으려고 몸과 마음을 멀리서 지켜만 보는 각관覺觀의 삶을 살고 있습니다. 그러므로 지금은 조건 없는 행복 속에서 잘 살고 있습니다.

안녕

9. 마음摩陰 너머 묘각妙覺을 찾아서

　필자는 지금 저마다 쓰고 있는 마음 이야기를 하고 있습니다. 마음은 과연 어디로부터 어떻게 해서 생기게 되었을까요? 마음이 생기게 된 그 까닭을 후학들에게 귀띔해 주려고 이 글을 쓰고 있습니다.

　지금 우리가 쓰고 있는 이 마음은 저 무변 허공계와 일체 만류를 다 창조했습니다. 그렇다면 당연히 일체의 창조주는 우리들의 마음입니다. 그래서 마음부터 꼭 알아야 합니다.

　그런데 참으로 이상한 세상입니다. 우리들 마음이 만든 가상의 창조주 신神이 실제로 창조주인 제 마음을 신의 공동 묘지로 묻어 버렸습니다. 그래서 온 인류는 지금 제 마음을 모릅니다. 실제로 제가 쓰고 있는 마음이 무엇을 어떻게 하지를 않고서는 손가락 하나 꼼짝을 못합니다. 그런데 무슨 절대신의 이름으로 무얼 어떻게 한단 말씀입니까?

지금 이 마음 이야기는 믿거나 말거나 한 종교의 문제가 아닙니다. 바로 나와 당신이 쓰고 있는 마음의 문제입니다.

앞을 못 보는 소경은 태양을 볼 수 없습니다. 하지만 밤과 낮을 은밀히 느낄 수는 있습니다. 느낄 수는 있으나 하늘에 실제로 떠 있는 밝은 태양과 달은 전혀 보지를 못합니다.

이와 마찬가지로 일체중생은 제 몸과 마음은 스스로 잘 느끼고 잘 압니다. 하지만 이 몸과 마음의 뒤편에서 환히 밝아 있는 태양과 같은 묘각의 빛 각성은 전연 생각지도 못합니다.

태양의 빛으로 일어난 저녁노을이 태양을 전연 모르듯 마음은 묘각의 빛 각성을 전연 모릅니다. 저 황홀한 저녁노을은 태양의 여명으로 생겼습니다. 하지만 저녁노을은 태양을 모릅니다.

묘각의 빛 각성의 여명으로 생긴 마음 역시 그러합니다. 우리가 마음을 볼 수도 없고 잘 알 수도 없지만 그래도 지금 내가 숨도 쉬고 손발가락을 움직이고 하는 그 원심력은 분명히 마음의 묘지력입니다.

이와 마찬가지로 묘각의 각성을 볼 수는 없어도 지금 내 몸과 마음을 환히 다 깨닫고 아는 이것은 다름 아닌 묘각의 빛 각성입니다. 묘각의 각성으로 우리는 제 몸과 제 마음을 두루 다 깨닫고 알고 있습니다. 이렇게 알고 있음을 미루어 보아 마음도 분명히 있는 것입니다. 분명히 마음은 있는 것이지 없는 것이 결코 아닙니다.

다만 몸과 마음을 아는 이것은 묘각의 각성이지 몸과 마음이 제 스스로가 깨닫고 아는 것이 절대로 아닙니다. 마음 제 스스로가 다 아는 것이라고 착각하면 참으로 곤란합니다.

몸과 마음이 스스로 깨닫고 아는 것이라면 어째서 밖의 사물을 보고 있는 눈이 제 스스로 제 눈을 돌이켜 보지를 못합니까? 분명히 제 몸과 마음이 제 자신을 아는 것이라면 지금 제 스스로 보고 있는 눈을 제 스스로 보아야 마땅합니다.

하지만 누구나 눈은 스스로 앞은 잘 봅니다. 그러나 스스로를 보는 자신의 눈은 스스로 돌이켜 보지를 못합니다. 실제로 보지 못한다고 해서 진실로 내 얼굴에 두 개의 눈이 없는 것은 아닙니다.

이와 마찬가지로 지금 내 몸과 마음을 아는 묘각의 빛 각성을 내가 전연 모른다고 해서 실제로 나에게 묘각의 각성이 없는 것은 절대로 아닙니다.

실제로는 묘각의 빛 각성은 무변 허공계와 시방세계에 두루 해 있습니다. 두루 해 있으므로 몸의 안과 밖을 두루 다 깨닫고 있습니다. 마치 저 거울의 밝고 맑은 빛에 온 세상 만상이 두루 다 드러나 보이듯이 저 묘각의 빛 각성의 거울에는 티끌 같은 미세한 사념 망상까지도 뚜렷하게 다 보입니다.

실제로 태양이 있으므로 세상 만상이 다 환히 드러나 보이듯이 묘각의 빛 각성이 있으므로 몸으로 느끼고 마음으로 이리 저리 굴리는 식심의 사유망상까지도 환히 다 깨닫고 다 압니다. 하지만 우리는 까맣게 모릅니다.

모르는 그 까닭은 이렇습니다. 비유하면 맑은 물과 같은 묘각의 각성에다 몸과 마음이라고 이름 하는 흙덩이를 집어넣으면 금방 맑은 각성이 흙탕물이 되어 버립니다. 이와 같은 이치로 흙덩이 같은 몸과 마음은 밝은 각성을 모릅니다.

이렇게 일단 흙탕물이 한번 되고 나면 두 가지의 성품이 없어집니다. 첫째는 본래로 맑은 물의 성품이 없어지고 두 번째로는 흙덩이가 없어집니다.

그래서 우리는 묘각의 빛 각성이 무엇이고 마음이 무엇인가를 전연 모릅니다. 이같이 안타까운 형편을 잘 아시는 세존께서는 중생들이 본래로 가지고 있는 밝고 맑은 각성을 본래대로 회복시키는 좋은 방편을 발명해 두셨습니다.

비유하면 일단 물그릇과 같은 몸뚱이를 가만히 묶어두는

것처럼 좌선하는 수행법을 지도해 주셨습니다.

만약 누가 흙탕물 그릇을 함부로 흔들고 다닌다면 어떻게 맑은 물을 찾을 수가 있겠습니까? 만약 그 물그릇을 흔들지 않고 조용히 내버려 둔다면 그 물그릇 안에서는 잃어버린 두 가지의 성품이 저절로 드러납니다.

첫째는 본래로 맑은 물과 같은 맑고 밝은 묘각의 빛 각성이 드러나고, 두 번째로 흙덩이와 같은 몸과 마음이 차분히 가라앉은 사념 망상의 입자들이 드러납니다.

일찍이 석가세존은 중생들이 잃어버린 밝고 맑은 묘각의 빛 각성을 발견하는 지혜로 제 자신의 몸과 마음을 환히 다 깨닫고 아는 각성을 은밀히 주시하는 각관覺觀을 지도해 주셨습니다. 이를 달리 관심법觀心法이라고도 합니다.

관심법은 자신의 몸과 마음을 환히 다 깨닫고 아는 각성을 고요히 지켜 보는 지혜를 말합니다.

몸과 마음이 객관화가 잘 되지 않는 열등한 사람들은 쉼도 짬도 없이 일어나는 번뇌 망상을 먼 바다에서 일렁이는 파도를 조용히 지켜보듯이 하면 됩니다.

처음으로 마음공부를 하고자 하는 초심자들에게는 마음을 주시하는 관심법觀心法이 제일입니다.

이렇게 일체를 주시하는 관심법을 꾸준히 수행하다 보

면 그 어느 날 저 묘각의 빛 각성의 여명으로 만들어진 마음의 구름이 사라지면서 홀연히 조건 없는 행복이 가득해집니다.

안녕

10. 천당과 삼악도로 가는 갈림길

　묘각의 빛 각성의 여명으로 생긴 마음속에 숨어 있는 묘각의 진여식眞如識을 간명하게 장식藏識이라 합니다.

　장식藏識은 곧 마음입니다. 이 장식은 크게는 우주에 두루 해 있고 작게는 우리들 육신에 두루 해 있습니다. 미세하기로는 세균 바이러스에도 가득 차 있으면서 의식은 깨어만 있고, 잠재의식은 분별 망상만을 일삼고, 무의식은 잠자는 수면을 즐깁니다.

　이 같은 마음의 속성 세 가지를 환히 다 아는 진여식을 장식藏識이라 합니다. 이 장식이 육체의 육근六根에 반연이 되면 두루 생각하는 식심識心이 됩니다. 그래서 장식이 눈으로 가서는 두루 보고 깨닫는 시각視覺이 되고, 귀로 가서는 두루 듣고 깨닫는 청각聽覺이 되고, 코로 가서는 숨으로 냄새를 두루 깨닫는 후각嗅覺이 되고, 혀로 가서는 맛을 두루 깨닫는 미각味覺이 되고, 몸으로 가서는 육신을 두루 깨닫는 감각感覺이 되는 것입니다.

그리고 두뇌로 가서는 사유 분별을 하는 두루 깨닫는 생각生覺이 되었습니다. 저 장식의 파편인 생각이 고요한 명상冥想으로 흐르면 맑고 밝은 천당이 되고, 생각이 음탕한 성정性情으로 흐르면 지옥 아귀 축생이라 이름하는 삼악도三惡道로 떨어집니다.

그러므로 사람은 생각하는 상想과 성애의 정情이 반반인 5 : 5가 됨으로써 땅 위로 오르지도 못하고 땅 밑으로 들어가지도 못하여 땅 위를 서서 다니는 사람이 되었다고 합니다.

만약에 상想이 4푼이고 정情이 6푼이면 위로는 사천왕천에 환생을 하고 밑으로는 땅위를 기어 다니는 축생과에 떨어집니다. 또 만약 상이 3푼이고 정이 7푼이면 위로는 도리천에 환생을 하고 밑으로는 수륜층에 있는 아귀과에 떨어집니다. 또 상이 2푼이고 정이 8푼이면 위로는 제석천에 환생을 하고 밑으로는 화륜층에 들어갑니다. 상이 1푼이고 정이 9푼이면 위로는 화락천궁에 환생을 하고 밑으로는 지중의 핵 풍륜층에 들어갑니다. 상이 0푼이고 정이 10푼이면 위로는 색계선천으로 환생을 하고 밑으로는 지중에 끓고 있는 핵 지옥으로 들어갑니다. 만약에 상과 정이 깨끗이 말라버린 간혜지로 들어가면 색계 사선천으로 직행을 합니다.

그러면 어째서 맑고 밝은 명상은 선천으로 가고 성애의 욕정은 지옥으로 가는지 그 까닭을 부처님은 이렇게 간단히 설명을 하셨습니다.

누구나 마음의 생각이 고요하고 맑고 밝으면 저절로 신심이 쾌활해지고 반대로 생각이 음탕한 성정에 사무치면 저절로 남근과 여근에서는 축축한 액이 생깁니다. 저 추하고 탁한 음액은 무겁고 흐려서 저절로 밑으로 흘러 빠지는 성질이 있습니다.

그러므로 생각이 고상하면 마음이 가벼워서 꿈에도 공중을 날아다니고 죽으면 자연히 천당으로 직행을 합니다.

하지만 생각이 음탕한 열정으로 흐르면 살아서는 몸은 태산같이 무겁고 죽으면 자연히 경중에 따라서 삼악도로 떨어집니다.

그래서 세존과 예수님은 침묵의 명상을 귀하게 여기고 성애를 독사같이 무섭게 다루셨습니다. 세존과 예수님은 여러 가지로 공통점이 많습니다. 마음을 소멸시키는 수행법도 같습니다. 예수님은 '항상 깨어 있어라'입니다. 세존은 마음을 주시하는 다양한 각성법을 설해 두셨습니다.

안녕

11. 배꼽 밑에 지혜의 등불

그런데 말입니다. 필자의 고질병도 성애입니다. 무섭다는 마약 중에서도 성애만큼 지극한 마약이 있을까 하고 많이도 고민을 해 보았습니다.

고금을 막론하고 일체중생의 지락은 성애밖에는 없습니다. 필자의 경험으로도 신심으로 느끼는 지극한 쾌락은 애무로 오는 오르가즘밖에 다시없었습니다.

그렇다고 지극한 환각의 오르가즘을 마냥 즐길 수도 없는 노릇이 아닙니까? 필자의 경험으로 미루어 생각을 해 본다면 성을 만족하려면 온 천하의 여성이, 혹은 남성이 모두 내 것이 되어 주어야 합니다. 그래도 한 인간의 성 욕구를 만족시키기는 역부족입니다. 그런데 어떻게 무량한 인간의 성의 욕구를 누가 무슨 재주로 만족을 시킵니까?

성추행이란 단어의 의미처럼 성기보다도 더 더럽고 냄새 나는 추한 곳도 잘 없습니다. 그곳에다가 자신의 성 욕구를 채우려고 짐승도 안 가리고 발광을 하는 그대의 성에 대한 욕구를 한 번쯤 생각해 보았습니까?

이 몸이 죽어서 천당을 가고 지옥을 가는 저 사후세계는 제쳐두고 말입니다. 단박에 만악의 고뇌는 모두가 성애로부터 오는 저 엄청난 불행을 어찌 감당을 하시렵니까?

동방의 성인 공자님도 자신의 마음속에서 꿈틀거리고 있는 성의 무법자를 지혜의 낱말인 남녀칠세부동석男女七世不動席으로 잘 관리를 하셨습니다. 필자는 성폭력의 무법자 성애를 이 같은 지혜의 낱말로 다스렸습니다.

신욕불행심身欲不行心이요

심욕불행신心慾不行身이면

기군무사녕其君無事寧이라

몸이 하고자 하면 마음이 들어주지를 말고

마음이 하고자 하면 몸이 들어주지를 말라

그러면 그대는 무사안녕이로다.

필자도 얼마나 성의 욕구 때문에 욕을 보았으면 이 같은 글귀로 신심을 다스렸겠습니까.

성욕을 채우는 행위로는 세 가지가 있습니다.

첫째로 음행淫行이 있습니다. 음행은 일반적인 부부의 성생활을 말합니다.

두 번째로 사음邪淫이 있습니다. 사음은 자위행위를 말합니다.

세 번째로 간음姦淫이 있습니다. 아내 아닌 다른 여성과 성관계를 맺는 추행을 말합니다.

다시 한 번 더 상想과 정情으로 천당과 지옥이 되는 이치를 밝힌 세존의 말씀을 적어 두겠습니다.

누구나 음탕한 성욕이 발동을 하면 저절로 성기에서는 축축한 음액이 흐릅니다. 축축한 애물의 음액은 밑으로만 밑으로만 흘러서 빠지는 속성이 있습니다.

이렇게 흘러서 밑으로만 흘러 떨어지는 성질로 말미암아 뭇 중생의 영혼은 욕정의 애물을 따라서 끝없이 삼악도로 뒹구는 속성이 있게 되었다고 합니다.

반대로 생각이 고상하게 되면 맑고 정신이 가볍고 밝아서 청정한 허공으로 솟구치는 성질이 있습니다.

그래서 누구나 고요히 앉아서 명상을 하면 단박에 몸과 마음이 경안해집니다. 저절로 신심이 경건해지면서 몸은 가볍고 마음은 자연히 청명해집니다. 그래서 생각이 고요하게 되면 저절로 그 영혼의 세계는 천당이 됩니다.

그러나 부질없는 성정을 탐착하게 되면 자신의 성기에서는 저절로 지저분한 음액이 흐르면서 고약한 악취가 생깁니다.

모든 악취의 정체는 다 세균과 바이러스입니다. 이 같은 세균 바이러스의 악취를 고인들은 도깨비 귀신이란 뜻으로 매귀魅鬼라 합니다. 자신의 성기에서 들끓는 악취의 매귀는 흡사 한여름에 달라붙는 모기 떼처럼 지독한 재앙이 달라붙습니다.

그러므로 누구나 애욕의 환각에 빠지면 두 가지 공덕성功德性이 날로 달로 없어집니다.

첫째는 사람의 생명력이라 이름하는 복력福力이 소멸됩니다. 그러므로 삶의 환경이 기구해집니다.

두 번째로는 맑은 마음으로 생기는 덕력德力이 없어집니다. 그러므로 덕력이 없어지고 나면 온갖 정신질환을 앓게 됩니다. 그래서 성인들은 애욕을 불구덩이라 했습니다.

이성간의 애무로 일어나는 정신신경의 열은 1200도나 됩니다. 그러므로 성애의 오르가즘을 짐짓 즐기게 되면 소중한 복福과 덕德의 공덕성功德性이 모조리 타버리게 됩니다. 그래서 모든 성인들은 중생들이 즐기는 성행위의 환각을 맹렬한 불구덩이를 피하듯 한다고 합니다.

그것은 실제로 남녀가 성기를 짐짓 마찰시키게 되면 흡사 연철에 자석을 마찰시켜서 일으키는 전기와 똑같은 이치로 전극성 신경전열이 1200도나 일어난다고 합니다.

필자가 생을 두고 경험한 바로는 만고에 어렵고 지극히 난해한 문제는 성욕입니다. 그래서 성욕과 생을 두고 싸워도 보고 협상도 해보았지만 다 실패를 했습니다. 물론 사람에 따라서는 다르겠지만 말입니다.

그래서 필자는 성 초월로 가는 명상서적을 발간을 해 놓았습니다. 그 책의 이름은 『배꼽 밑에 지혜의 등불을 밝혀라』입니다.

책의 내용은 자신의 미간에다가 붉은 점을 찍어 놓고 월상관月相觀과 일상관日相觀을 함으로써 마침내 실제의 달과 실제의 태양과 같은 달과 해를 각성의 눈으로 보는 삼매를 얻고 나면 만사 해결입니다.

성 초월의 환희를 비유하자면 꼭 악몽을 꿀 때에 누가 잠을 깨워준 기쁨과 같고, 또한 지독한 염매증인 가위눌린 사람이 마음은 깨어나려 애를 쓰지만 몸이 전류에 감전된 듯 자유롭지 못할 때에 곁에서 누가 몸을 흔들어서 비몽사몽을 깨워준 듯 하여서 저절로 심신이 쾌활해지는 것과 같습니다.

필자의 경험으로 볼 때에 성 문제만은 윤리도덕이나 법으로는 어림도 없습니다. 저 지엄하기 짝이 없는 종교의 엄격한 계명으로도 성은 꼼짝을 않습니다. 왜냐하면 중생의 마음은 몸을 이기지 못하고 또한 몸은 생각을 이기지 못하기 때문입니다.

그래서 배꼽 밑으로만 사는 중생들에겐 그것이 성이든 중독성 마약이든 간에 누구나 스스로 즐기는 중독성을 영원히 끊지 못합니다. 그래서 신념이나 말이나 글이 아닌 육신의 머릿속에다 밝고 맑은 달과 해를 그대로 입력시키는 명상 수련밖에 없음을 깨달았습니다. 그 수행법의 요령은 『배꼽밑에 지혜의 등불을 밝혀라』에서 잘 밝혀 놓았습니다.

명상冥想은 망상을 잠재우는 최면술입니다. 그래서 명상은 아무나 잘 됩니다. 하지만 그 명상으로는 결코 육신의 악습을 끊게 하지는 못합니다. 악습을 끊는 지혜는 앎의 문제가 아니라 육신을 죽이는 무던히 참는 고행입니다. 그 고행을 대변해 줄 수가 있는 수련법이 필자가 쓴 책에서 밝힌 월상관 일상관법입니다. 머릿속에서 월상관과 일상관이 일어나면 완전히 성이 말라버린 간혜지乾慧智로 들어갑니다. 간혜지에서만이 참선으로 생기는 선정이 일어납니다.

성애에 대한 미련은 말할 것도 없고 성욕이 완전히 말라 붙어서 바짝 마른 나무꼬챙이 같아야 합니다. 그때 비로소 참선을 하면 자연스럽게 선정이 일어납니다.

선정은 지혜의 불꽃입니다. 선정은 곧 묘각妙覺 빛 각성覺性입니다. 만약 진정으로 해탈의 대도로 들어가고자 한다면 분명히 절체절명의 각오로 이 성을 끊어야 합니다. 끊자면 월상관과 일상관을 반드시 성취하십시오.

'배꼽밑에 지혜의 등불'을 반드시 체험하세요.

안녕

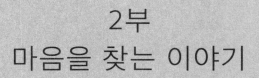

2부
마음을 찾는 이야기

1. 오지五智 이야기

　과학자들이 풀 수가 없다고 하는 불가사의 수수께끼는 많습니다. 그중의 하나는 지금 온 인류가 쓰고 있는 언어와 문자라고 합니다. 언어와 문자는 언제 어느 때 누가 만들었을까 하는 의문이라고 합니다.

　그 의문의 해답을 찾는 방법에 있어서는 일반 사람들이 생각하는 상식으로는 답이 없습니다. 세상의 상식이란 언제 어느 때 누가 만들었을까 하는 것입니다. 이같이 언어와 문자가 만들어진 시대와 그 시대의 인물의 이름을 찾으려 들면 답이 없습니다.

　그 까닭은 언어와 문자는 어느 시대나 한 개인의 소작이 될 수가 없기 때문입니다. 언어와 문자의 생기설은 분명 무시로부터 민중의 공통분모인 집단의식으로 발생이 되었기 때문입니다. 이 같은 민중의 공통분모의 집단의식 속에서 자라나온 지혜를 자연지自然智라 합니다. 그래서 언어와 문자는 세상의 일반 상식이나 일반 학자들이 생각하는 지식으로는 답이 없습니다.

인류의 문명과 문화사는 모두가 자연지의 소산입니다. 그러므로 부처님이 밝혀 놓으신 일체종지一切種智를 알아야 합니다.

일체종지一切種智는 다섯 가지 지혜를 말합니다. 일체 종지인 오지五智를 모르고는 깨알같이 많은 불가사의 수수께끼들을 풀 수가 없습니다. 그래서 우선적으로 5지를 알아야만 합니다.

첫째는 불지佛智입니다.

불지佛智는 구경의 묘각을 성취하신 부처님의 지혜를 말합니다. 그러므로 궁극의 뜻은 모두 불지가 없으면 알 수가 없습니다.

두 번째는 여래지如來智입니다.

여래지如來智는 태양 자체가 불지佛智라면 여래지는 태양의 빛입니다.

그러므로 두루 비추는 일체종지一切種智를 말합니다.

세 번째는 무사지無師智입니다.

가르쳐 주는 스승이 없이도 깨닫는 불가사의 지혜를 무사지無師智라 합니다. 그래서 지구상에는 누가 가르쳐 준 스승이 없이도 말이나 글자를 환히 다 아는 무사지의 선지식들이 혹 있습니다.

네 번째는 연각지緣覺智를 말합니다.

연각지緣覺智는 스승의 위신력을 받아서 깨닫는 지혜를 말합니다. 그래서 지금도 불가에서는 깨달음을 얻은 스승님들의 법통을 이어 받아서 깨닫는 연각지가 계승되어 오고 있습니다.

다섯 번째는 자연지自然智입니다.

때가 되면 꽃이 피듯이 자연스럽게 깨닫는 지혜를 자연지라 합니다.

여기 5지 중에서 언어와 문자는 자연지에서 발생이 되었습니다. 그 이치를 밝혀 보겠습니다.

2. 대열반경 문자품의 말씀

　열반경에서 가섭보살이 "언어와 문자는 누가 만들었습니까?" 하고 물었습니다.

　세존께서 가섭보살에게 대답을 하셨습니다.

　"세계에서 가지각색으로 쓰고 있는 언론과 주술과 언어와 문자는 모두가 부처님이 다 말씀한 것이다."

　가섭보살이 또 물었습니다.

　"세존이시여, 어떤 것을 여래께서 말씀하신 글자와 그 글자의 뜻이라 합니까?"

　"선남자야, 부처님이 처음 반쪽 글자 자음과 모음을 만들어서 근본을 삼았다. 그 자음과 모음을 붙여서 모든 언론과 주술과 문장이 되었다. 이 모두는 아, 이, 우, 에, 오 5음으로 성어가 되어 있으므로 범부들은 이 글자의 근본을 배우고 익힌 뒤에야 자기 생각을 전달하는 문자로 쓸 수가 있느니라."

"세존이시여, 글자라는 것은 그 뜻이 어떠합니까?"

"선남자야 열네 가지 14음을 글자의 뜻이라 이름하고 글자의 뜻을 열반이라 하며 열반은 항상 하여 변하지 않느니라. 이렇게 흘러서 변함이 없는 것은 곧 여래의 금강과 같은 몸이니라. 그래서 이 열네 가지의 음音을 글자의 근본이라 하느니라."

부처님은 5음이 자음과 모음에 붙어서 생긴 음성 문자에 대한 그 뜻을 이렇게 밝혀 놓았습니다.

부처님은 세상의 모든 언론과 언어와 문자는 모두 다 부처님이 말씀을 한 것이고 세상의 학자나 외도나 기인들이 말한 것이 아니라고 하셨습니다.

이렇게 언어와 문자는 부처님이 말씀한 것이요 저 외도나 세상의 일반 식자들이 만든 것이 아니라고 한 말씀을 이 세상 사람들이 과연 어떻게 믿겠습니까?

그래서 필자는 여래의 일체종지 중에서 자연지로 문자와 언어가 창조되었음을 밝히고 있습니다.

설령 그 언어와 문자가 세지世智라고 하는 세상의 학자들이 만든 문자와 언어라 하더라도 세상의 지식으로는 언어와 문자의 근본 뿌리를 밝힐 수는 없습니다.

중생의 소견으로는 도저히 알 수가 없는 그 심오한 뜻을 비유로 밝혀 보겠습니다.

엄동설한에 꽁꽁 얼었던 대지가 봄날의 햇볕으로 해동이 되면 대지의 땅위에는 만초 만화가 새롭게 잎과 꽃을 피워서 마침내 열매를 맺습니다. 꼭 이와 같은 자연의 신비를 자연지라 합니다.

지금 온 인류가 쓰고 있는 언어와 문자도 꼭 이와 같은 자연지의 불가사의로 발생이 되었습니다.

석존께서 말씀하신 '모든 언론과 언어와 문자와 주술은 모두가 부처님이 말씀한 것이다.'라고 하신 높고 깊은 뜻을 여기서 잘 생각해 보아야 합니다. 제아무리 자연지가 신비롭다고 해도 본래로 밝고 따뜻한 태양의 빛나는 은혜가 없었다면 어찌되었을까요?

과연 저 태양이 없이도 산하대지 위에서 만초 만화가 잎을 피우고 꽃을 피워서 마침내 열매를 맺을 수가 있었을까요? 열매와 같은 자연지가 생겨날 수가 있었을까요?

만약 저 태양과 같은 부처님의 여래지가 없었다면 지금 여기 지구촌에 무슨 문명과 문화라고 하는 언어와 문자와 언론과 주술과 같은 만초 만화인 자연지를 과연 피워 낼 수가 있었을까요?

자연지를 미루어 보아 여래지如來智가 무엇인가를 알아야 합니다.

묘각여래妙覺如來의 밝은 5지智의 빛이 없었다면 과연 인류의 집단의식이 꽃을 어떻게 피웠을까요?

바로 저 태양과 같은 묘각여래의 각성의 빛이 없었다면 지금 지구촌은 분명히 문맹의 촌이 되었을 것입니다. 태양이 없었다면 만초 만화의 결실은 있을 수가 없습니다.

이와 마찬가지로 저 묘각여래의 불지가 자연지를 비추지 않았다면 과연 인류의식의 꽃인 언어와 문자는 없었을 것입니다.

마치 천주교 성서에서 '하나님이 만물을 창조하시기 전에 말씀이 있었노라.' 하신 말씀의 뜻과 언어와 문자는 부처님이 말씀한 것이라고 한 말씀과 동일한 불이법문不二法門 입니다.

불이법문不二法門 이야기

불이법문不二法門은 해탈로 가는 절에서 애용하는 상투 용어입니다. 그래서 절 입구의 첫 관문인 일주문一柱門은 분명히 기둥은 둘입니다. 그런데도 한 기둥의 문이란 뜻으로 일주문이라 했습니다. 이렇게 사실과 달리 풍자한 법어는 모두 사실을 멀리하고 사실 밑바탕에 깔려 있는 뜻을 본 말씀입니다.

그렇기 때문에 뜻(義)은 사념 망상의 생각을 뛰어넘어서 높은 각성에 있습니다.

비유하면 사람의 얼굴에 눈과 귀는 분명히 둘이지마는 보고 듣고 깨닫고 아는 놈은 곧 하나인 각성입니다. 각성은 곧 하나라는 뜻으로 지어진 이름 일주문입니다.

세상에서 쉽게 쓰는 신토불이身土不二도 매 한가지입니다. 대지 위에 존재하는 모든 것은 결국 다 흙으로 돌아간다는 뜻입니다.

이와 마찬가지로 모든 각자의 말씀은 일체가 불이법문입니다. 불이법문은 무명인 마음을 뛰어넘어서 각성을 밝혀 주는 깨달음의 말씀입니다. 둘은 곧 하나라고 하는 불이법문을 6언절言節의 시어詩語로 기가 막히게 잘 설파하신 노자님의 도덕경道德經이 있습니다. 그 도덕경의 첫 장을 보면 다음과 같은 시구가 있습니다.

道可道非常道 名可名非常名(도가도비상도 명가명비상명)

본래로 밝고 명묘한 묘각의 빛 각성을 노자님은 도道라고 했습니다. 각성인 도道는 그 씀씀이에 따라서 이렇게 쓰면 이렇게도 되고 저렇게 쓰면 저렇게도 되는 무량의無量義가 있음을 도가도비상도道可道非常道라 했습니다.

그리고 인류의 약속언어로 지어서 부르는 이름은 실제 도와는 아무런 상관도 없습니다. 이름은 무어라 지어서 부르든 아무런 문제가 될 것 없다는 뜻을 명가명비상명名可名非常名이라 했습니다.

이렇게 노자님도 도덕경道德經 첫 장에서 도道를 불이법문不二法門으로 설파해 두셨습니다.

잠깐 여기서 필자가 상용하는 의意자와 의義자에 대하여 이해를 돕고 넘어가야겠습니다. 지금 우리는 의意와 의義를 같은 의미나 뜻으로 혼동하기가 쉽습니다. 누구나 문자나 언어를 보고 듣는 순간 그 글자와 언어의 뜻을 먼저 생각해 봅니다.

이렇게 우선적으로 먼저 생각해 보는 뜻에는 의미를 생각하는 의意와 오묘한 뜻을 생각하는 의義가 있습니다.

모든 글자나 언어인 말에는 그 의미와 뜻이 함께하고 있습니다. 그래서 우선적으로 먼저 글자와 언어가 무엇을 상징하는 글과 말인가를 음미해 보는 생각을 의미意味라 합니다.

그리고 또 그 의미가 궁극적으로 무엇을 설파하고 있는 의리義理를 의의라 합니다.

그런데 우리는 '뜻'이라 하면 의意와 의義를 혼동해서 같은 뜻으로 쓰고 있습니다. 그러나 문학의 문법에서는 의意와 의義가 서로 뜻이 각별합니다. 그래서 한문글자로 표기를 달리하고 있음을 꼭 알아야 합니다. 의미의 의意자와 뜻의 의義자는 생각하는 방법이 다릅니다. 어떻게 다른가를 예로 살펴보겠습니다.

누구나 하늘 천天자를 보면 대번에 마음속으로 새파란 하늘을 생각합니다. 이렇게 천天자를 보고 높고 넓은 무한한 하늘을 생각하는 마음의 하늘은 곧 의미 의意자의 뜻이 됩니다.

그리고 저 실제 하늘을 생각하는 의미를 의식하는 지적 행위를 의義라 합니다. 이렇게 천天자를 보고 하늘을 생각(意)하고 생각하는 하늘을 돌이켜 의식하는 지적 행위가 곧 참 뜻인 의義가 됩니다.

이와 마찬가지로 지금 세계만방에서 가지각색으로 쓰고 있는 모든 언어와 문자에는 글자나 언어의 의미를 생각하는 의意가 별도로 있고, 그리고 그 의미를 돌이켜 의식해 보는 지적 행위인 참 뜻 의義가 분명히 있습니다.

그러므로 부처님은 모든 문자와 언어의 뜻(義)은 여래의 금강과 같은 몸이라고 말씀하셨던 것입니다. 여래의 금강과 같은 뜻(義)은 모든 언어와 문자에 두루 다 있으므로 언어와 문자는 언제 어느 때가 누가 어떻게 써도 문자와 언어의 뜻은 조금도 변함없이 그대로 유통되고 있다고 하셨습니다. 이러한 문자와 언어의 참 뜻(義)을 여래의 금강과 같은 몸이라고 부처님은 말씀하셨습니다.

그러므로 언어를 대변하는 문자에는 중생의 생각을 불러 모으는 의意가 있고 그 의미를 깨닫고 알게 하는 지적 행위인 참 뜻 의義가 있습니다.

세상에 모든 문자를 궐월문闕越文이라 합니다. 궐월문闕越文이란? 무슨 문자이든지 간에 한 개의 글자는 한 채의 대궐과 같습니다. 그래서 대궐 궐闕자에 뛰어넘을 월越자를 써서 모든 문자를 궐월闕越이라 합니다.

즉 문자를 보고 글자의 의미를 타고 무량의(義)로 초월超越한다는 뜻으로 궐월문이라 했습니다.

아 보라. 우리가 쉽게 쓰는 궐월문에는 이와 같이 높고 깊은 뜻이 있었습니다. 특히 대해탈로 가는 불문佛門에는 궐월문자闕越文字와 같은 뜻을 가진 이름의 문수보살文殊菩薩이 계십니다.

문수文殊란? 궐월闕越 문文자에 따라죽을 수殊자를 써서 문수文殊라 했습니다. 왜 문수文殊라 했을까요? 그것은 궐월 문자인 글자를 보고 그 글자의 의미를 생각하는 순간 실제의 글자는 생각하는 의미 속에 사라지고 동시에 글자의 의미를 생각하는 식심을 돌이켜 보면 의미도 돌이켜 보는 식심 속에 증발하면서 초롱초롱한 각성만 분명해집니다.

쉽게 설명을 하면 이렇습니다. 글자를 보고 의미를 생각 하면 글자가 죽고, 글자의 의미를 돌이켜 보면 의미를 생각 하는 식심도 죽습니다. 동시에 깨닫고 아는 각성만 명료해집 니다. 그러므로 궐월문闕越文을 문수文殊라 하고 문수와 같이 돌이켜 봄의 지적 행위를 궐월문수闕越文殊라 합니다.

이와 같이 글을 보는 지적 행위를 반야般若라 합니다. 반 야般若란 돌이켜봄의 지적 행위를 말합니다. 이와 같이 대해 탈도로 들어가는 대반야의 지적 행위자를 문수보살文殊菩薩 이라 합니다.

보살菩薩이란 법명도 우리말로는 보살펴 주다의 준말입 니다.

지금 위에서 밝히는 언어와 문자를 공부하는 철리는 고금 을 통하여 듣도 보도 못한 이야기가 될 것입니다. 그래서 언 어를 표기하는 문자를 궐월문이라 한 것은 지적 행위를 통하여 인류의식을 보다 높은 차원으로 끌어 올리고자 한 제불의 지혜입니다.

누구나 학문을 필자가 전해 주는 뜻을 따라 사유해서 각성 세계로 들어가야만 합니다. 그러면 굳이 산중의 명상 수행이 아니라도 깨달음이 일어납니다. 그래서 옛날 한학 공부를 잘 하신 성리학자들은 문자를 밟고 의意로 올라가서 의義를 타고 높은 각성覺性으로 승천을 했습니다. 그 대표적인 인물이 선조 때 유명한 토정 이지함 선생과 화담 서경덕 선생이십니다.

아 보라. 오늘날 교육 지도자 양반들은 필자의 소견을 통하여 새롭게 눈을 떠야 합니다. 오늘날 산업교육은 혼이 없으므로 머잖아 온 인류는 다 미쳐 버릴 것입니다.

자기상실증에 걸려서 말입니다.

안녕

3. 십자가十字架 이야기

　　인류 역사의 기원을 새롭게 한 성인은 이스라엘의 예수님이십니다. 그러므로 예수님이 어떤 분이신가를 제대로 알자면 십자가十字架의 깊고 높은 뜻부터 확실히 알아야 합니다.

　　바로 알지 못하면 십자가는 무자비의 상징물이요 인류의 고뇌를 혼자 짊어진 예수님의 기념비에 지나지 않습니다. 그래서 십자가를 새롭게 보는 철리와 신비를 밝혀 보겠습니다.

　　낮은 차원으로 보면 십자가는 우주물리의 불가사의를 입체로 형설한 도표가 되고 있습니다.

　　그러므로 시방세계는 다 십자가 중심에 머물고 있습니다. 그 까닭은 십자가 중심에서는 불가사의한 무중력장無重力藏인 기공氣空(0)이 머물고 있기 때문입니다. 그 기공(0)인 무중력장이 중심이 되어 시방세계를 온통 다 잡고 있습니다.

이 같은 우주물리의 불가사의를 일찍 깨달은 선각자들은 이 십자가 중심에서 생기는 기공(0)을 모든 공법에 응용할 줄 아는 지혜를 얻었습니다.

그래서 고금을 막론하고 모든 정신공학이나 기계공학에서는 십자가 중심에서 생기는 기공(0)을 신성시하게 되었습니다. 십자가 중심에서 생긴 기공은 곧 무중력장입니다.

그러므로 십자가 중심에서 일어난 저 무중력장 안에는 무변 허공계와 깨알같이 많은 세계가 다 거기에서 뒹굴고 있습니다.

무슨 이야기인가 하면?

세상에 모든 공학도들은 수평자를 생명으로 하고 있습니다. 그 수평자의 생명은 십자가 중심에서 생기는 기공(0)입니다. 저 기공(0)은 수직垂直과 수평水平이 서로 만나는 십자十字의 그 중심에서만 일어납니다.

바로 그 기공(0)은 특수 상대성원리로 보면 저 우주와 시방세계를 다 머금고 있는 무중력장입니다.

그 무중력장은 곧 진공장眞空藏입니다. 이 진공장을 표기한 글자가 곧 0입니다. 저 불가사의한 진공장을 가장 적절히 잘 표기한 한문 글자는 십十자입니다. 이 십자는 팔방에 상하방을 형설함과 동시에 십자가 중심에서 생기는 기공(0)의 불가사의를 기가 막히게 잘 설명하고 있습니다.

오늘날 서양에서 0을 십단위로 보는 지혜도 다 십자가의 메시지입니다. 그러나 아직까지도 서양의 수학자들은 0이 왜 십十이 되고 있는가에 대해서는 답이 없습니다. 십자가의 메시지를 전연 모르기 때문입니다.

십진법十進法이란?

일찍이 동양에서는 우주가 머물고 있는 좌표를 십자十字로 표기해 왔습니다. 저 십자十字의 뜻은 사방四方에 간방間方을 더한 팔방八方에다가 상하방을 더한 시방十方입니다.

바로 이 시방十方인 십자十字의 중심에는 우주를 다 머금고 세계를 보호 유지시키는 불가사의한 기공氣空(0)의 장藏이 있습니다. 이 기공의 장을 인도에서는 오랜 옛날부터 둥근 우주는 시방十方이 되므로 둥근 우주를 닮은 0을 십十으로 표기해 왔습니다.

또한 십자十字의 사방의 숫자를 빙 돌려 1, 2, 3, 4를 더(十)하면 곧 십十이 됩니다. 바로 이렇게 사방을 두루 더하여 0표가 십十이 되므로 이 법칙을 십진법十進法이라 했습니다.

그래서 사방을 빙 돌린 글자 0표를 서양 수학자들은 막연하게나마 십十단위로 본 것은 조금도 무리가 없습니다. 이러한 이치를 수학數學의 정리整理라 합니다.

　　오늘날 모든 공학도들은 지금도 균형을 잡는 수평자를 생명으로 합니다. 저 수평자의 중심에서 생기는 기공氣空인 0을 얻지 못하면 모든 건축물이나 기계공학도 다 실패합니다. 바로 이 기공氣空(0)을 고대 인도의 불교 철학에서는 0표로 표시하고 이를 십十으로 읽어 왔습니다.

　　동양에는 본래부터 일一에서 십十 수를 표기하는 십十자가 있습니다. 그러나 불가사의하게도 서양문명의 발상지인 아라비아에서는 숫자가 9수밖에는 없습니다.

　　9수밖에 생각을 못한 그 까닭은 피라미드형 입체 삼면三面 삼각三角에서 얻은 지식이기 때문입니다. 입체 삼각 삼면의 9각에서 아라비아 숫자 9수가 생기게 된 아라비아숫자의 생리가 되고 있습니다.

　　저 입체 구각의 피라미드의 구각에서 생긴 9수보다도 더 신비로운 만물의 물상의 색상이 생기는 이치가 따로 있습니다. 그것은 피라미드 구각에서 꺾이는 빛의 신비입니다.

　　빛의 신비란 삼면에서 받는 빛의 각도에서 생기는 불가사의를 말합니다. 그 불가사의는 피라미드형 삼면에 태양의 빛이 반사되면 자연히 태양의 빛 속에 있는 3321의 빛의 물리 중에서 열은 없어지고 유난히 밝은 반사광만이 남게 됩니다. 바로 이 빛의 반사의 신비로 삼라만상에는 다양한 형형색색의 만물의 색상이 드러나게 되었습니다. 이 모두는 피리미드형 9각의 조화입니다.

저 높은 하늘은 청색靑色이고 바다가 녹색綠色인 것은 모두가 다 빛의 각도에서 나타나는 빛의 신비입니다. 그러므로 피라미드형 9각에서 발산되는 빛은 일단 각도에서 반사가 되면 밝은 광도에는 별 무리가 없으나 빛의 열기는 전무해집니다. 그래서 피라미드의 공간 안에는 항시 3.14℃의 낮은 저온이 유지가 됩니다. 이 빛의 법도는 서양철학의 뿌리이기도 합니다.

그리고 또 피라미드의 입체 삼면에서 지면地面의 삼각을 더한 12각은 오늘날까지 시계바늘의 12시간을 뜻합니다. 그래서 동서고금을 막론하고 시간을 시각時角(刻)이라 합니다. 이렇게 아라비아의 수 철학은 모두가 파라미드의 입체 삼각과 지면의 12각에서 만법의 철리가 다 나왔습니다.

삼각은 곧 삼위일체三位一體를 뜻합니다. 삼위일체의 극명한 답은 두 손뼉을 치면 소리가 납니다. 이때에 그 소리의 출처를 찾아봅시다.

이쪽저쪽 그 중간 그 어딘가에서 분명 소리가 났습니다. 그러면 그 소리의 출처를 찾아봅시다. 소리의 출처를 찾으려고 들면 이쪽저쪽 그 중간 어디에도 소리는 없습니다. 일체의 만법은 꼭 이와 같습니다.

정답은 일체 만법의 성품은 모두가 시방세계에 두루 해 있을 뿐입니다. 그것이 영혼이든 물리의 성품이든 간에 그 물체의 성품은 시방세계에 두루 해 있습니다.

만법의 성품은 본래로 우주에 두루 해 있으면서 누가 무엇을 어떻게 하느냐에 따라서 손뼉의 소리처럼 감응할 뿐입니다.

이렇게 만법의 성품은 본래로 우주에 두루 해 있음을 알아야 합니다. 이를 깨닫지도 못하고 공연히 물질의 근본 뿌리를 찾겠다고 물질에다 칼질을 하는 과학자의 우를 범하면 안 됩니다. 삼면의 삼연이 일체가 되어 잠깐 일어나는 허망한 환상을 가지고 수다를 떨면 반드시 정신병 환자가 됩니다.

지금 우리는 저 입체 삼각의 9각에서 9수가 생기게 된 까닭도 알았습니다. 그리고 시간도 입체 피라미드의 삼면의 삼각이 더해진 사면 삼각을 곱한 4×3=12에서 12각 즉 12시간이 되었음도 이제 알았습니다.

하지만 세존은 우주 공간 사방 × 삼세(과거 · 현재 · 미래)는 곧 12시時가 되고 있음을 일찍이 능엄경에서 잘 밝혀 두셨습니다.

　안녕

4. 예수님의 부활 이야기

십자가는 인간 예수님의 몸을 진리의 몸 법신으로 모셔다 드린 놀라운 우주선입니다. 저 우주선 십자가를 통하여 육신 예수님은 사라지고 우주의 몸 법신法身으로 부활을 하셨습니다. 예수님의 진정한 부활의 의미를 우리는 지금 여기 십자가에서 새롭게 눈을 떠야 합니다.

아무리 큰 고래라도 바다의 물을 떠나서는 존재할 수 없듯이 사람의 몸이 지구만 하더라도 우주적인 중생들의 고뇌를 감당키는 너무나 어렵고 불가능합니다. 그러므로 영적인 높은 차원으로 부활을 하는 재생의 요식은 성인의 성도에는 태초부터 다양하게 전해 왔습니다.

우주적인 몸이 아니고는 끝도 없는 일체중생들의 고뇌를 어떻게도 감당할 수가 없습니다.

그래서 성도聖道에는 절대의 영적 차원으로 승화하는 대해탈의 부활의 법도가 태초로부터 있어 왔습니다. 예수님도 십자가에서 고달픈 육신을 버리고 진리의 몸이라 이름 하는 대해탈의 몸 법신으로 부활하셨던 것입니다.

부활의 기적과 이적이 예수님의 몸을 품은 십자가에서 일어날 때에 예수님이 마지막으로 남기신 유명한 육성의 말씀이 있었습니다.

"주여!~ 어찌하여 나를 버리시나이까!"

어찌 그 몸을 버리지 않고서 저 우주적인 중생들의 무량한 고뇌를 다 구제한단 말인가.

지구촌에 한 인간의 예수는 육신의 몸을 버리고 저 우주의 몸 허공신으로 새롭게 부활의 재생을 하실 때에 예수님이 지구촌의 영혼들에게 마지막으로 남기신 고별의 메시지가 있었습니다.

"주여 어찌하여 나를 버리시나이까?"

물질로 된 세상을 버리고 영생불멸의 법신으로 몰입하시면서 남기신 연민에 찬 고별의 말씀을 우리는 다시 새롭게 음미해 보아야 합니다. '주여 어찌하여 나 인간 예수는 이 몸을 버려야만 합니까?'라고 말입니다.

우리 범부들도 지금 이 육신이 있고 영혼의 몸이 별도로 있습니다. 착하게 살았다면 하늘 사람의 밝은 광명신이 있습니다. 죄를 많이 지은 몸이라면 지옥의 몸 불타는 화택신이 있습니다. 하지만 깨달음을 얻으신 성인들은 우주를 다 머금은 청정 묘각의 진공신이 별도로 있습니다.

저 묘각의 진공신을 진리의 몸이란 뜻에서 법신이라 합니다. 진리의 몸 법신은 묘각의 빛으로 가득한 몸입니다. 그러므로 법신은 무변 허공계를 한 터럭 구멍 안에 다 넣고 다닐 수가 있습니다.

그러나 아무리 영특한 몸을 얻은 성자라도 지구촌 자연계의 생리로 얻은 이 육신을 가지고는 한계가 있습니다.

그러므로 허공신으로 돌아가야만 합니다. 우주를 품고 있는 진공의 몸 법신으로 돌아가게 되면 저 무변 허공계를 한 손 안에 다 넣고 구슬을 굴리듯 할 수가 있습니다. 그러므로 일체중생들을 마음대로 구제하실 수가 있습니다.

오 알라. 예수님께서 마지막 법신으로 부활하시면서 남기신 말씀의 깊고 높은 뜻은 바로 여기에 있습니다.

"주여 어찌하여 저를 버리시나이까?"

일체는 모두가 하나님 안에서 숨 쉬고 있습니다. 그러므로 하나님 안에서 숨 쉬고 있는 분들에게 큰 절부터 올립니다. 아울러 크고 넓으신 양해를 천주교 성직자님들께 올림니다.

　필자가 예수님이 십자가에서 남기신 마지막 말씀의 숨은 뜻을 이렇게 겁 없이 밝히는 데는 그럴 만한 높고 깊은 예수님의 은혜가 있었음을 지금 간략히 말씀드리겠습니다.

　필자는 19세 때 예수님을 친견했습니다. 현실 이상으로 절실히 만나 뵌 불가사의한 영험이 있었습니다. 그러므로 지금도 예수님의 마지막 말씀의 숨은 뜻을 두려움 없이 밝히고 있습니다.

　더더욱 놀라운 기적은 예수님께서 면류관까지 들고 내려 오셔서는 친히 저의 머리 위에 씌워 주셨습니다. 그때의 상황은 현실 그 이상이기 때문에 필설로 중개를 하려면 아무래도 저 우주 대자연을 하얀 백지 위에 그대로 고스란히 담을 수가 있는 러시아의 대문호 톨스토이 선생님의 필력이 있어야만 할 것 같습니다. 불초의 필력으로는 언감생심입니다.

　지고하게 높은 하늘의 중심이 활짝 열리는 순간 쏟아지는 광명에 온 세상도 필자가 주거하던 관사도 온데 간데 없어지면서 광명한 빛으로 가득 했습니다.

　돌이켜 생각해 보면 어마어마한 하늘도 문종이 구멍 뚫리듯 활짝 열리더니 거기로부터 부사의한 빛으로 가득한 예수님이 무엇을 들고 내려오셨습니다.

　　빛나신 얼굴 우뚝 하시고
　　위엄과 신통 비길 데 없는
　　거룩하신 예수님 내려오시니
　　중력파의 묘음이 우주에 가득
　　천사들의 춤 노래 찬송가 속에서
　　빛나는 면류관을 씌워 주셨네.
　　네 영혼아 일어나 절하라는 찬송가 속에도
　　꼼짝 않고 앉은 저의 머리 위에
　　빛나는 면류관 씌워 주시고
　　본래로 온 하늘 가운데로 몰입을 하셨네.

　이렇게 예수님께서 친히 내려오셔서 맑게 깨어 있는 죄생의 등 뒤에서 머리 위에다가 면류관을 씌워 주셨습니다.
　바로 그 성역은 지금 현재 부산 초량 구봉성당 자리입니다. 실로 성당은 인류를 구제하는 진정한 면류관입니다. 비록 꿈같은 이야기라 하지만 필자는 대명한 현실보다도 더 영명한 신비경이었습니다.
　그때 한 집안에 함께 계시던 선생님도 선생님 가족들도

처음에는 야심한 한밤중의 신비스러운 찬송가 소리에 이상해 하시면서 사방을 살펴보셨습니다. 그러다가 졸지에 엄숙한 적정의 신비에 취한 듯 쓰러지듯 누워서 주무셨습니다.

그후로 필자는 부산 대연성당으로부터 특별한 초청을 받았습니다. 특별 초청 강연의 내용은 잃어버린 예수님의 이십대였습니다.

참으로 불가사의한 기적이 있습니다. 어째서 기독교 계통에서는 지극히 소중한 예수님의 이십대가 감쪽같이 증발해 버렸습니까?

더더욱 말 같잖은 허언만 교계에 난무합니다. 이를 바티칸 교황님은 꼭 바로 잡아 주셔야만 합니다.

필자는 신부님과 수녀님을 모신 자리에서 많은 신행자들에게 잃어버린 예수님의 이십대를 개탄하는 은유의 유머로 어사중간魚死中間한 자들이라 했습니다.

어사중간魚死中間한 자들이란?

여염집 아낙네가 반찬용으로 고기 한 마리를 사와서는 이를 도마 위에 눕혀 놓고는 처음에는 목을 탕 칩니다. 그리고는 곧 꽁지를 탕 칩니다. 이렇게 탕탕 두 번 치는 칼도마 소리에서 저 생어물의 머리와 꽁지는 지금도 도마 위에 그대로 남아 있습니다. 그런데 막상 소중히 다루어야 했던 그 고기의 몸통은 온데 간데가 없습니다.

예수님의 성스러운 20대는 꼭 여염집 아낙네의 칼로 도마를 친 소리와 같은 신세가 되었습니다. 예수님은 20대에 케르시마에서 득도를 하셨습니다.

깨달음을 얻으신 가장 영광스러운 이십대는 온데도 간데도 없습니다. 이렇게 안타까운 예수님의 운명은 과연 누가 만들었습니까? 저 한 마리 고기의 몸통은 과연 누가 뜯어 먹었습니까?

지구촌에서 예수님 이름을 모를 사람은 아무도 없습니다. 그런데 다시없이 소중한 예수님의 20대는 아무도 모릅니다. 예수님의 진정한 성체는 깨달음을 얻은 이십대에 있습니다.

필자가 예수님이 스물한 살 때 깨달음을 얻고 너무나 환희로워서 춤추는 모습을 그대로 대연성당에서 재현을 해 보였습니다. 많은 가톨릭 신행자들은 생전 처음으로 들어보는 이십대에 깨달음을 성취하셨다는 예수님의 20대의 이야기에 너무나 놀라워 하셨습니다. 모두들 감격한 나머지 우레와 같은 박수로 답례를 해 주셨습니다. 대연성당의 성모 마리아님의 성상 앞에 더 높이 걸린 '천명일 법사님의 특별 초청 강연'이란 커다란 현수막을 보면서 가톨릭은 역시 하늘처럼 확

열린 종교란 사실에 감사했습니다. 저 가톨릭의 열린 가슴을 온 인류는 누구나 배워야 합니다. 하나님 안에서 지금 이 필자도 숨 쉬고 있습니다.

안녕

5. 정신 심리학으로 본 0의 이야기

　균형을 잡는 수평자는 가로와 세로가 정확히 만나는 그 중심에서 기공氣空인 물방울(0)이 생깁니다. 이 물방울은 모든 건축물이나 기계 제작을 하는 공학도들에게 있어서는 소중한 잣대입니다.

　저 가로와 세로가 만나는 십자가 그 중심에서 생기는 기공(0)을 얻지 못하면 건축물이나 기계 제작은 다 실패합니다. 이렇게 십자가에서 생기는 기공(0)은 물리의 공학에서만 소중한 것은 아닙니다.

　중생의 신심을 바로 잡는 정신 수양에 있어서도 십자가 중심에서 생기는 기공(0)을 지극히 소중한 잣대로 삼았습니다. 그래서 각자들은 정신 수행자들에게 항상 마음은 고요한 호수처럼 수평이 되게 하고 몸은 대나무처럼 곧게 하라는 교훈을 주셨던 것입니다.

정직하게 살라는 스승님들의 가르침 또한 일종의 정신 기공법입니다. 정신 기공법인 몸과 마음이 수직과 수평으로 안정이 되었을 때 누구나 신심이 행복해집니다.

저 십자가 중심에서 생기는 물리의 기공과 같은 마음의 기공(0)을 혜공慧空이라 합니다. 저 참선 수행에서 일어나는 선정禪定이 곧 혜공입니다. 인격 완성의 도 불도에서는 반드시 선정인 혜공慧空을 얻어야만 지혜智慧가 일어납니다. 지혜는 각성의 눈입니다.

각성의 눈 지혜가 없으면 깨달음이 일어나지 않습니다. 그래서 참선 수행에 있어서는 앉음새를 매우 소중히 합니다. 참선을 할 때는 양다리를 포개어 꼬아서 앉는 결가부좌를 우선으로 합니다. 그래야 몸이 곧아집니다. 몸을 곧게 수직으로 바로 세웠을 때 평상심이라 이름 하는 고요한 마음이 수평이 됩니다.

이렇게 몸을 곧게 하고 마음이 호수처럼 수평이 되었을 때 자연히 가슴의 중심에서 수평자의 기공과 같은 혜공慧空이 생깁니다. 만약 선정인 혜공을 얻지 못하면 신심이 몹시 심란해서 세속에서 망상을 잠재우는 명상 수행도 불가능합니다.

그래서 명상이나 참선수행을 하는 법도는 별도로 있습니다. 그 법도는 수평자의 균형을 잡는 법도입니다. 수평자의 기공(0)을 잡는 법도가 아니곤 선정인 혜공을 얻지 못합니다. 그래서 일단 몸은 수직으로 곧게 세워야 하고 마음은 수평이 되게끔 고요히 가라앉혀야 합니다.

그렇게 하자면 앉는 자세는 곧아야 하고 산만한 마음은 수평이 되도록 가라앉혀야 합니다. 이렇게 바른 자세와 옳은 평상심이 되었을 때 홀연히 십자가 중심에서 생기는 기공과 같은 혜공이 일어납니다. 혜공이 일어났을 때 비로소 각성의 여명으로 생긴 마음의 구름은 사라지고 각성覺性의 빛으로 가득한 선정의 춤이 일어납니다.

그래서 절에 선방의 스님들은 일단 몸의 자세를 수직으로 똑바로 세워서 앉습니다. 그리고 수평을 이루는 평상심을 얻어야 하므로 초롱초롱한 각성覺性의 눈으로 몸과 마음을 항상 주시합니다. 주시를 하다 보면 파도 같은 망상이 고요히 가라앉습니다. 번뇌 망상이 고요히 가라앉게 되면 저절로 고달픈 신심은 소식도 없이 사라집니다. 이때 비로소 각성의 몸 법신을 경험하게 됩니다.

세월없이 따라 다니던 번거롭고 고달픈 식심은 어디로 가고 시방세계를 두루 다 삼켜 버린 각성의 빛이 환하게 됩니다. 바로 이것이 참 좋은 혜공慧空이요 바른 선정입니다.

안녕

6. 십진법十進法 이야기

아버지의 징검다리를 타고 모태로 돌진할 때부터 인간은 제국주의 근성을 가지고 있습니다. 그것은 적자생존의 법칙 때문입니다. 그러므로 중생은 입태를 할 때부터 극열한 투쟁을 합니다. 그 까닭은 아버지로부터 쏟아져 나온 수억의 정충 중에서 대권주자의 근성이 투철한 유충 한 마리가 난소의 안내를 받고서 입태될 수 있기 때문입니다.

그러므로 인간은 태초부터 남을 지배하려고 하는 지독한 제왕 병에 걸려 있습니다.

오직 성인은 제외하고 말입니다. 성인은 모태 설화부터 신성하기 때문에 매우 상서롭습니다. 그러나 일반 중생은 동물의 왕국에서 보는 바와 같이 생존경쟁이 치열합니다. 그래서 인류의 역사는 전쟁 역사로 기록이 다 되어 있습니다.

이렇다 보니 태초부터 전제주의자들은 군사학을 우선으로 했습니다. 군사학의 기본 목적은 다수를 하나로 통일을 시키는 데 있습니다. 그래야만 다수를 오직 한 인간이 마음대로 다스릴 수가 있기 때문입니다.

그래서 세기 태초부터 집단 조직 사회를 이루고 있는 학교나 군대에서는 제식훈련을 엄히 시행해 왔습니다. 그러므로 신체 불구자를 제외하고는 제식훈련을 아니 받아본 사람은 없을 것입니다.

제식훈련의 기본은 바로 오합지졸의 산만한 군중심리를 하나로 통일을 시키는 데 있습니다. 그래서 일단 군중의 대열을 잘 정돈을 시키기 위하여 선임 교관이 큰 소리로

"차렷!"

하고 지령을 내립니다. 이때 내리는 지령의 '차렷!'이란 구령의 뜻은 정신을 바짝 차리라는 의미의 구령입니다.

우리말로는 "정신차렷"입니다. '정신차렷'에서 앞에 두 단어 '정신'은 생략하고 뒤에 따르는 '차렷!' 두 자만 취하여 '차렷!' 합니다. 결국 정신을 바짝 차리라는 명령사입니다.

다음으로는 질서 행위의 일환으로 "앞으로 갓" 합니다.

"앞으로 갓" 해놓고는 다시 "번호 맞추어 ~갓!" 합니다. 그러면 모두 큰소리로 "하나, 둘, 셋, 넷" 하고 네 자리 숫자를

세 번 복창을 시킵니다.

이렇게 '번호 맞추어 갓' 하는 동사의 지령에 따라서 생도들은 좌우나 앞뒤로 오른발 왼발을 곁에 생도와 서로 같이 발을 맞추면서 질서 있게 앞으로 전진합니다.

이렇게 전진을 하면서 생도들은 큰 소리로 "하나! 둘! 셋! 넷!" 하고 하나, 둘, 셋, 넷을 거듭 세 번 복창을 합니다.

바로 이렇게 하나에서 넷까지 세 번 복창하는 그 행위 자체가 바로 십진법十進法입니다.

하나, 둘, 셋, 넷을 더하면 십이 되고 '앞으로 갓' 했으니 진법進法이 됩니다.

그리고 넷을 세 번 복창함으로써 4 × 3은 곧 12가 됩니다. 12란 숫자는 우주물리의 기본의 틀인 12지지地支가 됩니다. 12지지는 곧 12시간입니다.

12시간이 어떻게 생기느냐 하면 시간時間은 공간空間인 4방에 삼세三世인 삼시三時가 서로 4×3=12로 교합이 되므로 시간은 12시가 됩니다. 12지지라 한 것은 지구촌은 12시와 12개월로 돌아가고 중생의 종성은 12류가 있고 인간의 육신은 12신경으로 돌아가고 있음을 뜻하고 있습니다. 바로 이 철리가 12지지의 불가사의입니다.

지금 세상에서는 어째서 시간이 12시로 표기가 되고 있는

가를 아는 학자나 박사도 잘 없습니다. 그런데 참으로 놀랍게도 저 십진법과 시계 바늘의 12지지의 철리가 바로 인간 역사의 군사학 제식 훈련에 숨어 있었을 줄이야.

　안녕

7. 동양의 수학 이야기

동양에는 B.C.4500년 전에 이미 숫자의 발견을 밝힌 하도河圖와 십진법의 철리를 밝힌 낙서洛書가 있습니다.

여기 하도河道에는 우주물리의 기틀을 밝혔고 후대에 더욱 발전시킨 낙서洛書에서는 수학의 십진법十進法(0)의 오묘한 이치는 물론 십진법이 곧 수학 물리의 표본이 되고 있음을 도설해 놓고 있습니다.

쉽게 말하면 숫자 발견의 도표는 하도河圖입니다. 그리고 그 후대에 발전시킨 낙서洛書는 우주 물리의 기초를 밝힌 표본입니다. 그래서 하도에 보면 서양에서 쓰고 있는 아라비아 숫자에서는 왜 1에서 9수밖에 없는 수리와 수학數學이 십진법으로 만변 만화하는지 그 이치도 도설되어 있습니다.

그래서 동양 수학에서는 태초부터 십진법으로 써 온 십十

자가 있어 왔고 수학이 곧 우주물의 기초가 되고 있음도 밝히고 있습니다. 무슨 말인가 하면 저 우주와 일체의 만류는 처음에는 나고(生), 나서는 머물고(住), 머물다가는 서서히 변하고(異), 변하면서 마침내 멸滅합니다. 이와 같이 생생, 성成, 괴壞, 멸滅을 도표로 생생(+), 주住(-), 이異(×), 멸滅(÷)로 설정을 다 해놓고 있습니다. 이렇게 만류가 생성괴멸을 반복하는 그 철리를 밝힌 학문이 곧 수학입니다.

그래서 동양의 숫자는 숫자의 글체부터가 우주 물리를 형설하고 있습니다. 그래서 기본이 되는 기수基數는 일一에서 오五까지의 숫자로 모두 균형을 잡고 앉아 있습니다.

그리고 기수基數에서 만물이 이루어지는 성수成數 육六에서 십十까지의 수는 모두 세워서 쓰고 있습니다.

'一, 二, 三, 四, 五, 六, 七, 八, 九, 十'의 서체를 잘 보세요. 일一에서 사四까지는 수평으로 눕혀 쓰고 있습니다. 일단 여기서 눕혀서 쓴 1에서 4까지를 먼저 더해보세요. 그러면 꼭 십十이 됩니다. 바로 이것이 불가사의 수 3.14입니다.

3, 14는 고대 이집트나 그리스의 철학자들이 사각四角의 평면에 세워진 피라미드 삼각三角의 신비를 숫자로 표기한 불가지수不可知數입니다. 삼三 점点은 곧 삼위일체三位一體를 뜻하고 일 사는 1에서 4까지를 더한 십진법을 뜻합니다. 그

러므로 삼점일사三點一四는 무유정법無有定法을 수학의 철리로 표기한 수철학數哲學입니다.

수철학인 3.14의 본래의 뜻은 일체 만유는 무엇이나 똑같을 수가 없는 무유정법의 철리를 밝힌 절대로 풀 수가 없는 불가지수입니다. 그래서 3, 14는 영원히 풀리지 않는 불가사의 수數입니다.

동양 철학에서는 3, 14의 뜻을 한문 글자 원元자로 간단히 표기하고 있습니다. 그래서 한문 글자 원元자를 파자로 풀면 '3.14'의 뜻을 가진 π(파이)가 됩니다.

안녕

8. 숫자의 발견과 십진법의 철리哲理

　동양에서는 B.C.4500년 전에 이미 숫자를 발견했습니다. 지금으로부터 6500년 전이 됩니다. 그때 이미 숫자를 발견하고 수학을 발명했습니다. 중국 고대 그림문자인 하도河圖는 숫자 발견의 도표이고 낙서洛書는 수학數學을 발명한 도표입니다.

　저 먼 옛날에 동양에서는 이미 가(加+),더하고 감(減-), 빼고 효(爻×), 곱하고 괘(卦÷), 나누는 산법算法을 발명했습니다. 심지어 고대 인도철학에서는 물체物體를 원소元素로 돌리는 미분微分과 그 원소를 진공眞空으로 복귀시키는 적분積分을 상용해 왔습니다.

　그러면 지금부터 숫자의 발견과 수학의 발명사 이야기를 해 보겠습니다.

일찍이 중국의 황하 유역에 몸은 사람인데 머리는 소같이 생긴 신농씨神農氏와 몸은 뱀이고 얼굴만 사람인 복희씨伏犧氏란 두 인비인人非人이 살고 있었습니다. 이 두 분은 사람 같으면서도 사람이 아닌 기인奇人입니다.

후세 사람들은 이 두 분을 이렇게 전하고 있습니다.

저 먼 옛날에 황하강 유역에 성姓은 강姜씨요 이름은 신농神農이라고 하는 신인과 성은 이李씨요 이름은 복희伏犧란 기인이 살고 있었습니다.

이 두 분의 시대는 신통한 언어와 문자가 전연 없었으므로 다만 침묵의 눈빛으로 말을 하는 묵시의 시대 사람이었습니다. 그러므로 몸으로 의사를 전하는 신어身語와 손으로 뜻을 전하는 수화手話로 서로가 의사소통을 했습니다. 전연 문자나 언어가 신통한 게 없다 보니 주로 그림으로 의사를 전달하는 화도畫圖문자가 이때에 발생했습니다.

세월이 가면서 결승문結繩文이라 해서 노끈에다 매듭을 지어서 문자 대용으로 상용했던 결승문도 생겼습니다. 그때의 결승문 점자가 점점 변천하면서 후일 주역周易에 표기된 태극도 문자 같은 반도체 문자가 전해 오고 있습니다.

특히 신농씨는 씨족 사회 때부터 전해오는 농사를 짓는 영농법과 식물인 초근목피의 성미와 성질을 깊이 연구하셨습니다. 그때에 이미 각종의 병을 치료하는 초근목피의 성질을 기록한 본초학本草學이란 책을 남기기도 했습니다.

한편 복희씨는 수數를 발견했습니다. 복희씨가 수를 발견한 그 도표가 곧 하도河圖입니다. 그래서 신농씨와 복희씨는 동양 문명과 문화사에 있어서 시조 할배가 되고 있습니다.

전설에 의하면 복희씨가 어느 날 농민들과 함께 황하 유역에서 농사용 수리공사를 하시다가 참으로 이상하게 생긴 큰 거북이 한 마리를 보았다고 합니다. 참으로 신기하게 생긴 그 거북이를 집으로 가지고 돌아와서는 오래도록 많은 연구를 하셨다고 합니다. 왜냐하면 그 거북의 등판에 박힌 점이 너무나 신통했기 때문입니다. 자세히 보니 참으로 이상하게도 생긴 동그란 점 문신이 거북의 등판에 수두룩했습니다.

그 거북의 등판에 점을 자세히 살펴보니 이상하게도 꽁지 쪽에는 둥근 점이 하나가 찍혀 있고, 목 등쪽 부위에는 검은 점이 둘이 찍혀 있고, 등판 우편에는 점이 세 개가 찍혀 있고, 좌편에는 네 개의 점이 찍혀져 있었습니다. 그리고 그 거북의 등판 가장자리 중심에는 다섯 개의 검은 점이 기이하게도 찍혀 있었다고 합니다. 이를 깊이 연구하신 끝에 오늘날 동서양에서 쓰고 있는 숫자와 그 수를 더하고 빼고 곱하고 나누는 등의 산술법까지를 발명하셨습니다.

이 숫자와 산술의 공식 표를 후세에 잘 전하신 분이 곧 복희씨입니다. 복희씨가 연구하신 그 연구 보고서가 오늘날까지 전해 옵니다. 그것이 하도河圖입니다.

후일 우왕禹王 때에 복희씨의 산술법을 좀 더 구체적으로 더욱 발전시켜 놓은 낙서洛書가 있습니다. 이를 선각자들이 이를 잘 갈고 다듬어서 전해오는 저 하도河圖와 낙서洛書는 오늘날 과학 문명과 구비문학에 비조가 되고 있습니다.

거북이 이야기

은유와 비유의 달사 장자님이 자주 언급을 한 저 진흙 바닥을 기어 다니는 거북이는 인류 문명 문화사에 시조 할배입니다. 인류 문명문화사는 모두가 저 거북이가 가르쳐준 자연지自然智에서 비롯되었기 때문입니다.

그러므로 자연지自然智를 가르쳐준 저 거북이의 기념비는 지금도 세계만방에 가득 합니다. 그 거북이의 그 깊은 은혜를 잊지 못하는 인류의 천심이 지금도 살아서 춤추고 있습니다.

그래서 인류의 문화와 문명사에 빛나는 인물이나 국가와

사회를 위하여 살신성인의 공로가 대단한 분에게는 그 업적을 기리기 위하여 하도河圖와 낙서洛書를 등에 업었던 저 거북의 등에다가 그들의 동상도 세우고 명예를 기리는 글도 새겨서 비석도 세워 줍니다. 바로 이것이 인류 문명과 문화사의 거룩한 춤입니다.

　　안녕.

9. 하도해설河圖解說

　아래의 도표는 하도河圖와 낙서洛書의 그림표입니다. 이를 잘 보세요. 저 하도나 낙서는 후일 주周나라 무왕武王과 공자님이 새롭게 정리한 주역周易의 교본이기도 합니다.

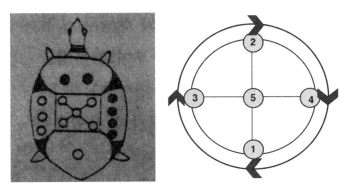

　주역의 숫자는 전부가 십조구만오천 사십팔 자가 됩니다. 이 숫자는 주역의 괘수掛數를 더했다, 뺐다, 곱하고, 나누고,

미분도 적분도 하면서 산출된 불가지수입니다. 이것이 주역의 모든 점 선의 괘사掛辭입니다.

괘사掛辭란? 숫자를 우리말로 읽는다는 뜻입니다. 우리나라 국기인 태극기太極旗의 팔괘八卦도 같은 맥락입니다. 그래서 태극도의 팔괘를 우리말로 읽으면 우리나라 운명이 그대로 태극도에 설명되어 있습니다.

그래서 필자는 우리말 숫자의 이름을 국어 단어와 같이 읽고 있습니다.

과연 이 그림표에서 수학數學의 모든 것과 난해한 십진법十進法이 나올까요? 물론 수학의 모든 산법이 여기에 기반을 두고 있습니다.

지금부터 앞의 그림도표를 잘 보아야 합니다.

거북의 등판에 나열되어 있는 점자의 제일 큰 수4와 중앙의 수 5를 합치면 9가 됩니다. 지금 아라비아 숫자 9수의 생기설이 여기에 있습니다. 그리고 동서남북 사방에 있는 숫자 1, 2, 3, 4를 빙 둘러서 다 더해 보세요. 그러면 분명 10이 됩니다.

이것이 곧 십진법의 생리입니다. 빙 돌려서 앞으로 나아갔기 때문에 십진법十進法이라 합니다.

십집법 생원이 십十자를 빙 돈 〇와 같기 때문에 0을 10단

위로 올려서 쓰는 데는 별 무리가 없습니다. 비록 서양에서는 9수 밖에는 그 이상의 숫자는 없습니다. 하지만 0표가 10수와 다르지도 않다는 자연지自然智의 은혜로 잘 쓰고 있습니다. 또 저 십진법의 도표인 십十자는 수학에서 쓰고 있는 더하기(+) 표가 되고 있습니다. 그래서 저 십十자 사방에 있는 숫자 1, 2, 3, 4를 중심의 5에다가 각각 더하면 1은 6이 됩니다. 그리고 또 2를 중심의 5에 더하면 7이 되고, 3은 8이 되고 4는 9가 됩니다.

바로 이렇게 해서 기본 수 1, 2, 3, 4, 5, 6, 7, 8, 9라는 숫자가 생기게 된 것이 수의 생원설입니다.

후대에 더욱 발전된 낙서洛書에는 산법의 요식이 다 있습니다. 10수의 자체 수는 중심 수 5를 더한 10이 됩니다. 그런데 이 십十자 표기에서 좌우로 보면 빼기(-)가 되고 낙서洛書에서 간방의 표기는 곱하기(×) 표이고, 십十자 상하방을 나누면 나누기(÷)표가 됩니다.

이 같은 의미유추의 변증법은 절대로 잘못된 가설이 될 수가 없습니다. 왜냐하면 수학의 대박사라도 자연지로 생긴 수학의 뿌리를 전연 모르기 때문입니다. 필자의 이와 같은 가설은 하도낙서河圖洛書를 잘 보시면 이해가 될 것입니다. 그래서 지금 우리가 쓰고 있는 숫자의 명리도 알아야 합니다. 숫자의 명리란 수를 우리말로 읽은 고인들의 자연지를 깨달아야 한다는 말입니다.

안녕.

10. 우리말의 숫자

지금부터 숫자를 우리말로 읽겠습니다.

하나(一) 하면 하나님이
둘(二) 하면 둘러 보시고
셋(三) 하면 세상에
넷(四) 하면 내려오신다

물론 언어유희입니다. 그러나 진실로 만물은 모두가 사차원으로 존재합니다.

필자의 이 같은 논법은 말장난 같습니다. 비록 이 논리가 말장난 같다고 하더라도 그 말장난 같은 희론 속에도 진리의 향기가 배어 있다면 그것은 구비문학의 향기입니다.

우주 만물의 생리학 자체가 십진법이 되고 있는 사차원으로 존재하고 있습니다. 그렇다면 수학도 일종의 언어입니다. 그래서 고인들은 숫자를 우리말로 읽었고 그 숫자의 우리말 뜻을 꼭 알아야 합니다.

그러면 지금부터 우리말 숫자의 명리를 설명을 해 보겠습니다. 일에서 열까지 숫자의 우리말 이름이 우리 인생의 모태 설화가 될 줄은 꿈에도 몰랐을 것입니다.

모태 설화란 부부가 처음 만나서 성관계를 하고 나서부터 열 달 동안 어머니의 자궁에서 성장해 나아가는 태아의 생리가 숫자의 우리말 명리와 똑같다는 이야기입니다.

일(一)을 '하나'라 합니다.

하나란? 하늘 밑에 오직 나 하나뿐이란 의미로 하나라 합니다. 또한 임신한 여인이 첫 달에는 아무런 징표가 없으므로 '하나마나'라는 뜻에서 '하나'라 하기도 합니다.

이(二)를 '두울'이라 합니다.

두울이란? 임신한 두 달이 되면 난자와 정자가 서로 어울립니다. 서로 둘둘 엉겨서 마치 이슬방울과 같아집니다. 그래서 아침나절에는 무엇이 뱃속에 있는 듯하다가 한낮이 되면 아무렇지도 않게 됩니다. 흡사 새벽이슬이 한낮에는 증발하듯이 말입니다.

삼(三)을 '서이'라고 합니다.

서이란? 엉키고 서리다의 뜻입니다. 그래서 임신 3개월이
되면 하복이 이상하게도 무엇이 엉키고 서린 듯 뭉컬뭉컬해
집니다.

사(四)를 '너이'라 합니다.

너이란? 너와 내란 뜻입니다. 그래서 임신 4개월이 되면
태아가 남아인가 여아인가 가 분명해집니다. 다름 아닌 남성
이냐 여성이냐가 판가름 납니다. 그래서 성별로는 너와 나란
뜻으로서 '너이'라 합니다.

오(五)를 '다섯'이라 합니다.

다섯이란? 다 섯다란 의미로 '다섯'이라 합니다. 임신 5개
월이 되면 태아는 머리와 팔다리의 사관이 다 갖추어 집니
다. 그래서 오五를 '다섯'이라 합니다.

육(六)을 '여섯'이라 합니다.

임신 6개월이 되면 육근이 열리게 됩니다. 6근(안 · 이 ·
비 · 설 · 신 · 의)입니다. 육감관이 열리게 되므로 어미의 감정
이나 음식의 맛을 느끼게 됩니다. 그래서 육六을 '여섯'이라
합니다.

칠(七)을 '일곱'이라 합니다.

일곱이란? 일체가 곱으로 증장이 됩니다. 그래서 임신 7개월이 되면 태아는 6식六識이 증장되므로 제칠식七識이 열리게 됩니다. 그래서 어머니가 사념과 먹는 음식물을 일일이 간섭을 합니다. 고로 '일곱'이라 합니다.

팔(八)을 '여덟'이라 합니다.

여덟이란? 열고 닫고 하는 기관이 넓어진다는 뜻입니다. 그래서 임신 8개월이 되면 태아는 팔만사천 모공과 삼백육십 골절이 두루 다 확장이 됩니다.

저절로 모든 기관이 완벽해지므로 '여덟'이라 합니다.

구(九)를 '아홉'이라 합니다.

아홉이란? 임신 9개월이 되면 태아의 얼굴에 있는 일곱 구멍과 성기와 항문을 더한 아홉 구멍이 모두 점점 커집니다. 그래서 생아의 아홉 구멍이란 뜻에서 '아홉'이라 합니다.

십(十)을 '열'이라 합니다.

열이란? 열고 나온다는 뜻입니다. 그래서 임신 10개월이 되면 태아는 어머니의 자궁을 열고 이 세상에 태어납니다. 사람은 난생卵生도 아니고 화생化生도 아니며 습생濕生도 아닌 태생이므로 사람은 태어생胎於生이란 뜻에서 태어난다고 합니다.

아 보라. 숫자를 우리말 속어로 읽어보면 태아의 모태 설
화가 된다고 하겠습니다.

안녕

11. 0은 무엇일까?

영零(0)은 아무것도 없는 상태이므로 또한 공空이고 공空은 불가사의한 글자입니다. 티끌같이 많은 천체도 지금 이 지구도 다 허공虛空을 의지해서 존재하고 있습니다.

또한 일체중생의 허망한 영혼도 다 이 텅빈 공(0)을 터전으로 삼고 있습니다. 그러므로 세계와 중생계도 이 영(0) 안에서 나고(+) 머물고(-) 변하고(×) 멸(÷)합니다.

저 0을 우리말로는 영零이라 합니다.

영零이란 이슬방울 영자입니다. 이슬방울은 날빛이 밝으면 사라지기도 하지만 햇빛의 각도만 좋으면 오색 무지개를 만듭니다.

이와 마찬가지로 깨달음을 얻기 전에는 이 영(0) 안에서 꼼짝을 못합니다. 그래서 모든 산술은 더(+)하고, 빼(-)고, 곱

(×)하고, 나누(÷)고, 미분·적분과 파이(π)란 3.14까지도 그것이 실수든 허수이든 간에 0이 다 먹어 버립니다. 이와 같은 0을 이해라도 하면 의미유추의 논리학밖에는 없습니다.

0에 관한 한 0을 옳게 알자면 몸과 마음과 온 세상이 각성에 깊이 잠이 든 고요한 선정에 들어가 본 사람이어야만 제대로 압니다.

지금 이 기회에 분명히 말씀을 드립니다.

인간의 머리로는 풀 수 없는 불가사의한 수수께끼들은 모두가 자연에서 보고 배운 자연지로 만들어진 문제들입니다. 그래서 그 문제들을 풀려면 당연히 자연지가 무엇인가를 알아야 합니다.

저 천만리를 날아다니는 철새들이 인간들처럼 항공학을 배워서 정확히 고향을 찾나요?

저 기고 날고 하는 축생들이 인간들처럼 날고 달리고 하는 기술을 배워서 새처럼 잘날고 말처럼 잘 달립니까?

알라, 중생의 잠재의식 속에는 제 조상이 체험하고 경험한 수억만 년의 기억이 그대로 입력이 다 되어 있다는 영혼의 불가사의를.

만초 만화가 철 따라 피고 지고 씨앗을 뿌려서 종족을 번

창시키는 종족 본능의 생리가 무정한 식물성 신경 속에도 공간과 시간을 읽고 독특한 개성의 기억소자가 충만되어 있음을 깨치세요.

새벽을 알리는 장닭의 붉은 벼슬 속에는 새벽별의 전파를 수신하는 정보가 있다는 신비를 깨치기나 하세요.

지금 세계만방에서 쓰고 있는 문자와 언어들도 한가지입니다. 일체중생의 언어와 고등동물의 언어와 문자를 가지고 언제 어느 때 누가 만들었을까? 하고 그 연기설을 찾는 어리석음이나 멀리 하세요.

모든 언어와 문자도 자연지가 만든 것입니다.

이렇게 답답한 중생들의 소견을 깨우쳐 주려고 자연이 스스로 만든 것입니다. 그래서 결코 언어와 문자는 언제 어느 때 누가 만든 창조주가 별도로 없습니다.

그 까닭은 시방세계를 온통 두루 다 머금고 있는 저 묘각의 밝은 빛 각성이 다 창조해 내었기 때문입니다.

그래서 세존은 『열반경』 문자품에서 '세상의 모든 언어와 문자는 모두 부처님이 설한 것이다. 그러므로 모든 언어와 문자의 무량한 뜻은 곧 여래장이다.'라고 하셨습니다.

다만 중생들이 어떻게 느끼고 어떻게 생각하고 어떻게 행위하느냐에 따라서 여래의 각성이 그에 반연되어서 일체의 만법이 일어나고 있기 때문이라고 하셨습니다.

　그러므로 세간법이라 이름 하는 학식을 가지고는 불가사의한 자연지를 알 수가 없습니다.

　그러므로 스스로 그렇게 존재하는 자연지의 불가사의를 깨쳐야 합니다. 만약 자연지自然智를 알지 못하고 공연히 법가의 논리에 빠지면 안 됩니다. 자연 발생적인 것을 가지고 누가? 언제? 어디서? 무엇을? 어떻게? 왜? 하는 식으로 알려고 하면 안 됩니다.

　안녕.

12. 성 이야기

바다는 다 받아들인다고 해서 바다라 합니다. 하지만 죽은 시체는 다 밖으로 밀어냅니다. 제불도 바다와 같이 온갖 죄인을 다 품어 안아주지만 유독 여근女根만은 멀리 밀어내 버린다고 합니다.

그런데 범부 중생들은 섹스를 끝도 없이 즐깁니다. 섹스를 끝도 없이 즐기는 중생을 범부凡夫라고 합니다.

범부란?

예쁘게 말하면 배꼽 밑으로 사는 사람이란 뜻입니다. 추하게 말하면 성기로 사는 중생이란 뜻입니다. 그래서 중생은 잠시도 섹스를 잊지 못합니다.

저 유명한 심리학자 칼 융은 프로이드의 성욕중심설을 비판하면서 서로 헤어졌다고 합니다. 칼 융은 정말로 성욕을 초월했는지는 몰라도 필자의 경험으로 미루어 본다면 프로이드의 성욕중심설이 맞다고 생각됩니다.

그 이유는 나 자신부터도 성으로부터 자유롭질 못합니다. 그 까닭은 일체중생은 누구나 아버지 성기의 징검다리를 타고 어머니의 자궁으로 들어갔습니다. 들어가서는 그 어머니의 자궁으로부터 다시 나왔습니다. 그렇기 때문에 누구나 성기를 보면 혼절을 합니다. 그러므로 설사 성불구자라고 하더라도 섹스에 관한 한 꼼짝 마라입니다.

사람 중에서도 열등한 사람과 하등의 동물일수록 성욕은 더욱 치성합니다. 다만 몸과 마음을 훨쩍 뛰어넘어서 묘각의 빛 각성에 편안히 머물고 있는 성자들을 제외하고 말입니다.

그러나 일반 남성은 성기를 숨기고 있는 여성의 둔부만 보아도 금방 신들린 사람 같아집니다. 이 지경으로 성애에 미쳐들 있습니다. 누구나 섹스에 미쳐 있을 수밖에 없습니다. 중생의 은밀한 지락은 섹스밖에 없기 때문입니다.

그래서 인류의 역사는 성욕중심설이 아닌 것이 하나도 없습니다. 수컷 공작새가 암컷 공작에게 자신의 비단 나래를 펼쳐서 멋지게 자랑을 하듯이 인류문명의 내면도 구애의 가면심리로 만들어진 성문화입니다. 그래서 음악이나 춤추는 무예도 애무의 환상이 아닌 것이 별로 없습니다.

남녀가 데이트를 즐길 때 주고받는 인간미나 인정미나 교양미나 지성미도 모두가 구애의 춤입니다. 치고 노는 운동놀이도 보세요. 둥근 공을 구멍에 넣는 경쟁놀이가 아닌 것이 별로 없습니다. 특히나 얼음판 위에서 벗고 춤추는 애물의 재롱을 보세요. 저 영화배우들이 노골적으로 보여주는 드라마는 더 말할 것도 없는 애무의 환상들입니다.

이 모양으로 인간 문화의 저변에 흐르는 성희의 환각을 칼 융은 어떻게 받아들일까가 의심스럽습니다.

부처님과 예수님은 아예 금세기 같이 성추행으로 넘쳐나는 요지경의 세상에는 탄생하시지도 않지만 그래도 이 세상에서 조금이라도 남다른 생각이 있는 선지식들은 어찌 해서라도 우리 후학들에게 독사보다도 무서운 섹스로부터 해방시켜 주는 지혜라도 주어야만 합니다.

그 지혜는 명상입니다. 명상을 통하여 끊임없이 일어나는 성정을 잠재우고 사념 망상을 증발시키는 참선이 최선의 방편이 되고 있음을 가르쳐 주어야 합니다.

비록 깨달음으로 가는 길은 아니라도 명상과 참선을 통하여 섹스의 욕망을 잠재워 주는 선지식들이 절실히 요구되는 세상이 아닙니까?

성기의 마찰로 오는 환각의 지랄병

저 범부중생들이 너무나 즐기는 성애의 중독은 독사나 양귀비보다도 훨씬 더 무섭습니다. 성기의 마찰로 발생을 하는 환각의 오르가즘은 정신 신경성 전율의 불꽃입니다. 저 정신 신경성 전율의 불꽃이 삭신을 태울 때에 스스로 통쾌한 비명을 호소합니다. 이때에 맑고 밝은 식정識精이 다 타버립니다.

동시에 사람의 복덕성도 다 타 버리므로 신색이 고약해집니다. 그러므로 성애나 오르가즘을 짐짓 즐기면 얼굴은 시커멓게 추해집니다. 동시에 몸에서는 고약한 악취를 풍기게 됩니다. 그러므로 평온했던 운명은 기구해집니다.

만약 수행자가 넘치는 성욕 때문에 섹스를 한 번만 범해도 맑고 밝았던 지혜는 졸지에 온데 간데 없어지고 삭신에 넘치던 묘한 기운이 어디론가 싹 빠지면서 신색이 고약해집니다. 졸지에 몸에서는 마늘 냄새가 지독스레 풍기게 됩니다.

그 까닭은 백천의 망량귀들이 달라붙어서 저 파계자를 저주하기 때문입니다.

누구나 그 짓을 짐짓 즐기게 되면 뜻밖에 중뇌에서 성희의 불꽃으로 변이된 변태성 이물질이 대량으로 생산됩니다.

저 변태성 이물질이 만약 간뇌로 감염이 되면 삭신을 떠는 간질성 색마가 됩니다. 이때부터 저도 몰래 하체를 떨게 됩니다. 그 까닭은 사람의 맑은 식정은 타버리고 간뇌의 이물질로 간질성 변태심리로 이성을 잃었기 때문입니다.

저 간질성 변태 심리가 극에 달하면 예사로 극악무도한 패륜을 일삼습니다. 만일 변태성 이물질이 중뇌로 들어가면 평상심을 잃게 됩니다. 그렇게 되면 환각성 심마心魔가 심장으로 들어가서 예사로 무지막지한 살인 행위를 하게 됩니다.

섹스를 짐짓 즐기다가 간질성 성도착이 되고 나면 이상하게도 정상적인 성관계로 일어나던 오르가즘은 온데 간데 없어지고 잔인무도한 살인 행위를 할 때에 성희에서 오던 오르가즘이 전신에서 발작을 합니다.

이것이 참으로 무서운 애무의 환각이 불러오는 미친 지랄병입니다. 온 인류의 종말도 지나친 성희로부터 옵니다.

저 지독한 패륜의 변태성 색마는 필경 살인마가 되고 맙니다. 이런 인생말자는 국법으로도 종교의 계명으로도 어림도 없습니다. 그래서 부처님과 예수님은 성 초월로 가는 명상수행을 강조하셨습니다.

안녕

13. 천당과 지옥이 생기는 까닭

지금부터 하는 이야기를 잘 새겨서 들어 두세요.

옛날 부처님이나 예수님은 이성을 멀리하라고 간곡히 부탁을 하셨습니다. 공자님도 남아나 여아는 나이 일곱 살이 되면 절대로 한자리에 같이 앉지도 말라고 하셨습니다.

이 뜻을 문자로 '남녀칠세부동석男女七歲不同席'이라 했습니다. 성인들은 우리가 그렇게도 좋아서 못사는 이성관계를 어째서 무엇 때문에 심히 멀리하라 하셨나요?

우선 답부터 간단히 드리겠습니다.

이성을 멀리하라고 한 그 까닭은 일체중생들이 본래로 갖고 있는 밝고 맑은 묘각妙覺의 빛 각성覺性을 본래대로 회복시키기 위해서입니다.

만약 성관계를 하게 되면 묘각의 빛이 구름에 가려지듯이 본래로 밝은 묘각妙覺의 빛을 잃기 때문입니다. 그래서 이성 관계를 독사같이 피하라 하셨던 것입니다.

하지만 저 일체중생들은 성애로 삽니다. 저들이 성애로 오는 오르가즘을 어찌 잊고 살겠습니까. 필자의 경험으로 미루어 보아도 중생들의 지락은 애무밖엔 없습니다. 그 애무로 오는 오르가즘보다 더 좋은 것은 범부에겐 다시없습니다.

누가 마약의 환각을 좋은 줄 모르나요?
하지만 사람이 미치니까 어쩌면 좋아요.
도박이나 술이 좋은 줄을 누가 모르나요?
하지만 폐가 망신을 하니까 어쩌면 좋아요.
남녀의 그 짓이 좋은 줄을 누가 모르나요?
하지만 성정性情은 만덕만선을 삼켜 버리니 어쩌면 좋아요.

이래서 성인들은 섹스를 맹렬히 타오르는 불구덩이를 피하듯 하신다고 하셨습니다. 그러므로 범부 중생들로 즐기는 성정性情은 삼악도로 가는 길이 되고 고상한 생각인 명상은 천상으로 가는 천도天道가 되고 있음을 세존은 잘 밝혀 두셨습니다.

본래로 맑은 마음이 성욕의 환각에 중독되어 오염되면 자연히 지옥 아귀 축생으로 가는 삼악도가 되고, 마음을 고요히 하는 명상을 즐기게 되면 저 높은 하늘나라로 가는 길이 되고 있음을 밝혀 두셨습니다.

누구나 한 번 물리면 다 죽는다는 살모사의 독과 같이 섹스로 오는 환각의 피해가 막심함을 잘 밝혀 두셨습니다.

첫 번째로는 청정묘각의 각성이 멀리 떠나고

두 번째로는 모든 행운의 보고인 복덕성福德性을 잃고

세 번째로는 삼악도로 가는 온갖 환각의 정신병을 앓게 됩니다. 그러므로 뭇 성인들은 자위행위인 사음邪淫과 부적절한 간음姦淫과 이성관계의 음행淫行을 금욕계로 엄히 다스렸던 것입니다.

그러면 지금부터 성정을 멀리한 맑고 밝은 생각의 명상冥想과 욕정인 성정性情으로 천당과 지옥으로 가는 이정표를 여기서 잘 밝혀 두겠습니다.

먼저 부처님이나 예수님께 머리 숙여 경배를 하고 간절히 사모하면 저절로 심신이 쾌활해집니다. 그리하여 몸에서는 신선한 향기가 나고 마음은 맑고 밝은 파란 하늘같아집니다. 꿈에 공중을 훨훨 날기도 합니다. 이런 사람은 살아서도 죽어서도 영생의 천당이 됩니다.

반대로 악취가 심한 사타구니 발정으로 욕정을 탐하게 되면 저절로 남근이나 여근에서는 축축한 애욕의 애물이 줄줄 흘러서 밑으로 밑으로만 흘러서 빠집니다.

그래서 음탕한 성욕의 애물이 성기에서 생길 때에 간뇌에서도 이상한 이물질이 생깁니다. 저 독사의 독과 같은 그 이물질은 정상적인 뇌신경의 활동을 마비시킵니다. 그래서 온갖 성 추행을 일삼기도 하며 저도 몰래 극악무도한 살인도 예사로 합니다.

그러므로 그 영혼은 지하수처럼 땅 밑으로만 흘러 빠지게 됩니다. 만약 삼악도로 떨어질 때 죄질의 경중에 따라서 지표에 기는 축생이 되기도 하고, 중하면 지각층 밑에서 휘몰아치는 화륜층으로 들어가게 되어 아귀과에 떨어집니다.

혹 부모나 스승에게 중한 패륜을 저질렀다면 지표로부터 1500킬로미터 밑에서 들끓고 있는 화씨 6000도의 핵풍권으로 들어갑니다. 이곳은 다시 나올 수 없는 무간지옥입니다.

범부중생들은 스스로 쓰고 있는 마음을 전연 모르나 그대의 마음을 깨닫고 아는 각성은 그대가 어딜 가든 끝까지 따라 다닙니다. 그래서 지독한 고통도 지극한 극락도 잘 깨닫고 압니다. 이 같은 영혼의 진실을 전연 모르는 바보들은 자신이 죽으면 아무것도 없다는 무지무지한 착각을 합니다. 현실보다도 더 무섭다는 사실을 모르고 말입니다.

그대의 몸에 없던 병이 생기듯 한 삼악도를 가지고 어찌 그대가 믿고 말고의 소관이라 생각들을 하시나요?

부처님이나 예수님이나 그리고 부모님은 무지무지한 지옥고를 받는 자손들을 보며 팔팔 뛰면서 애타게 눈물을 지을지언정 자손이 당하는 업보는 그 누구도 어찌할 도리가 없습니다. 그래서 살아생전에 착하게 사는 온갖 묘약을 다 개발해 두셨습니다. 하지만 제 스스로 알아서 그 묘약을 먹지 않는다면 어찌하나요?

천만 다행으로 제 스스로들 이성관계를 좀 멀리하고 고요한 명상을 즐기면 반드시 꿈도 상서롭고 살아서도 죽어서도 행복이 넘치는 천당보다도 더 좋은 색계선천 하나님의 나라로 갑니다.

반대로 항상 이성을 아쉬워하면서 성욕을 짐짓 탐하면 저절로 몸은 무쇠같이 무겁고 지독한 욕정의 애물은 흐리고 탁하기 때문에 자꾸만 밑으로 밑으로만 흘러 떨어지게 됩니다. 그래서 몸은 태산같이 무겁고 마음은 오물로 가득한 시궁창 같아집니다.

성인을 사모하면서 불경이나 성경을 읽고 외우면 자연히 청정무구한 파란 하늘을 꿈에서도 자주 보게 됩니다. 지극히 경건한 마음으로 부처님이나 예수님을 사모하면 꿈에서라도 반드시 부처님이나 예수님을 만나 뵙게 됩니다. 그러므로 좋은 하늘나라로 점점 높이 높이 올라만 가게 됩니다.

반면, 허구한 날 남의 살이나 좋아라 하면서 고약한 악취의 바이러스가 들끓는 남의 사타구니나 강탈하고 훔쳐보는 신세가 되면 참으로 맹랑합니다.

이런 부류의 인간은 세상에서 무엇을 구해도 하나도 되는 일이 없고 몸에서는 지독한 악취가 나서 몸뚱이는 미구에 종합병원이 되고 맙니다. 혹 그 사람이 설령 재벌이나 제왕의 복권을 가졌다 손치더라도 성추행이 심하면 날이면 날마다 사념 망상의 번뇌는 불난 땅 벌집 같고 뜻밖의 재앙은 잘도 찾아옵니다.

누구나 수명은 삼 분입니다. 삼 분밖에 못 사는 인생을 가지고 사랑의 파도를 타는 애류 인생이 되어서 허구한 날 허무를 즐기다가 삼 분의 수명이 다하는 그 찰나에 블랙홀에 빠져 저 무간지옥으로 직행을 합니다.

그대들이 믿거나 말거나 한 자주권 문제가 아닙니다.

이 지옥과 천당이 그대가 믿고 말고의 신념의 문제라면 어째서 그대의 몸에 바라지도 않은 없던 병이 갑자기 어디로부터 와서 그대를 괴롭히는가?

또한 그대는 특별한 행운을 항상 바라는데 어째서 바라는 행운은 오지를 않는가? 혹은 바라지도 않았던 행운은 어디로부터 왔단 말인가? 그러므로 혹 그대가 쥐약을 먹으면 죽고 생명수를 마시면 사는 것과 똑같은 천리를 가지고 그대가 믿고 말고의 소관이라는 잘못된 생각을 하고는 함부로 천당과 지옥이 없다는 망어를 함부로 하니 그 죄 또한 엄청납니다.

지금 여기에 내 운명을 점치는 복채가 있습니다. 지금 내가 죽으면 천당으로 갈지, 축생, 아귀, 지옥이란 삼악도로 갈지를 점치는 작대가 여기에 있습니다. 지금 독자 여러 분들께 자신의 내생의 운명을 점치는 잣대를 하나씩 들려드리겠습니다.

삼악도는 영혼이 가는 세 차원의 정신세계를 말합니다. 지옥은 영혼이 지하 1500킬로미터 밑에 있습니다. 아귀과는 지하 1200킬로미터 안에 있습니다. 축생과는 지상에 꿈틀거리고 잠기고 기고 날고 하는 동물들을 말합니다.

반대로 천상은 지상에서 위로 올라가는 계층을 말합니다. 아직 성애가 조금 남아 있는 천당을 욕계라 하며, 이 욕계에는 6개의 계층이 있습니다. 이를 욕계 6천이라 합니다.

성애가 아주 말라버린 천국을 색계라 합니다. 색계에는

18천이 있습니다. 또 그 위에 무의식계의 하늘이 있습니다. 이를 무색계라 합니다. 여기에 4천이 있습니다. 그래서 천국은 도합 28천이 됩니다. 이를 28천이라 합니다.

하지만 여기서 지금 필자가 점치는 잣대는 우리의 머리위에 있는 욕계 6육천만을 예로 들었습니다. 그리고 삼악도 설명에서 축생은 지상에 있고 지옥은 지금 우리가 살고 있는 지구의 중심권으로 들어가는 이야기입니다. 하지만 부모나 스승에게 저지른 패륜 같은 대죄는 지구를 멀리 떠나 있는 타방국토에 있는 아비지옥으로 갑니다.

그런데 천당과 지옥으로 가는 갈림길에 서 있는 이정표 잣대는 고금 없이 항상 사람이 중심이 되어 있습니다. 그래서 사람은 상想과 정情이 반반인 5 : 5라 합니다. 그래서 사람은 위로 날아오르지도 못하고 땅 밑으로 들어가지도 못하므로 하늘과 땅 사이에 존재할 수밖에 없다는 뜻에서 인간人間이라 했습니다.

만약 상想이 많고 정情이 적은 6 : 4가 되면 해와 달을 이웃하는 사천왕궁으로 올라갑니다. 반대인 경우 정이 많고 상이 적으면 사람 곁에서 잡아먹히는 짐승이 됩니다. 또 상이 많고 정이 적은 7 : 3이 되면 도리천으로 올라갑니다. 반대가 되면 물속이나 축축한 습기에서 사는 온갖 파충류와 세균과에 떨어집니다.

또 상이 많고 정이 적은 8 : 2가 되면 엄청나게 좋은 제석천으로 올라갑니다. 반대인 경우는 지하 수륜층 밑에서 굶주림에 시달리는 아귀과에 떨어집니다.

또 상이 아주 많고 정이 적은 9 : 1이 되면 욕계 육천에서 제일 좋은 화락천궁으로 올라갑니다.

반대의 경우에는 고통이 막심한 지표에서 1200킬로미터 안에서 부글부글 끓고 있는 화탕지옥으로 들어갑니다. 만일 이 사람이 살아생전에 부모에게 불효를 하고 스승에게 패륜을 저질렀다면 여기서 1500킬로미터 안에 있는 지구 중심층에서 끓고 있는 무간지옥으로 들어갑니다.

또 순전히 상만 있고 정이 하나도 없는 10 : 0이면 빛나는 화이트홀을 타고 광명한 천국(色界禪天)으로 뛰어 오릅니다. 여기 초선천을 지나서 이선천二禪天으로 올라가면 거기에는 누구나 급할 때 저도 몰래 튀어 나오는 "아 하나님 아버지"라고 찾는 소리의 하나님이 계십니다. 저 천주교에서 말씀하는 하나님이 거기에 계십니다.

거기 색계色界 이선천二禪天에는 대범천왕大梵天王이 계십니다. 이를 하나님 아버지라 하는 까닭은 무량한 우주세계에 존재하고 있는 모든 생명성은 다 하나님의 각성이기 때문입니다. 저 하나님의 각성의 성품으로 모든 생명이 태어납니다.

그래서 네 갈래로 태어나는 태생胎生, 난생卵生, 습생濕生, 화생化生을 4생生이라 말합니다. 그래서 저 하나님을 사생자부四生慈父라 합니다.

일체중생을 사랑하기를 우리 부모님들이 외동아들을 사랑하듯 한다고 합니다. 그래서 불교에서는 기독교에서 말씀하는 사랑을 자비慈悲라 합니다.

또 만약 반대로 순정純情만 있고 상想이 하나도 없는 사람은 우리말로 생각이 없는 인간이기 때문에 살아서도 극악무도한 패륜을 한없이 즐깁니다. 그러므로 양심이라도 조금 있는 지구촌을 저 멀리 떠나서 타방세계에 있는 아비지옥으로 직행을 한다고 합니다. 참으로 가련한 신세가 됩니다.

필자가 오늘날 지성들에게 경고합니다.

저 옛날 석존이나 예수님이 무얼 몰라서 이성을 그리도 멀리 하라 하셨겠습니까? 필자도 성욕으로부터 고생을 많이 해보았습니다. 그래서 성 초월로 가는 경험 철학인 『배꼽 밑에 지혜의 등불을 밝혀라』란 명상서적을 일찍이 펴내었습니다.

정말로 누구를 사랑하려거든 끝없는 배려로 살다가 가세

요. 꼭 한 지붕 밑에서 서로 품고 살고 싶으면 부디 구도자들처럼 성 초월의 무관심을 맛보는 삶을 사세요. 누구나 차라리 부부로 살면 네 맛도 내 맛도 없는 무정한 참사랑의 맛을 봅니다. 모든 종교의 참 뜻은 성 초월에 있습니다. 이런 참 뜻을 뻔히 알면서도 성의 본능에 끄달려서 자신의 양심을 세월없이 물어 씹다가 죽기보다는 차라리 밉지 않은 사람들끼리더불어 사세요. 정직하게 더불어서 살다 보면 자연스럽게 성 초월이 됩니다.

성에 관심이 없어지면 자연스럽게 미친개처럼 설치던 음란한 마음도 없어집니다. 마음 하나 없어지면 이것이 곧 범부들의 성도입니다.

지금까지 금세기 후학들에게 상想과 정情으로 천당과 지옥이 생기게 되는 이치를 간략히 밝혔습니다. 이 모두는 이미 석가세존께서 다 말씀하신 내용입니다.

안녕

14. '몰나'와 '보자'

　우리말 속에는 중생의 고달픈 마음을 싹 쓸어버리고 묘하게 밝은 각성으로 돌아가는 명언이 있습니다.

　'몰나'란 나는 아무것도 모른다고 하는 뜻으로 만들어진 고유명사입니다. 그 고유명사는 순수 우리말 '몰나'입니다. '몰나'의 원어는 몰아沒我입니다. 몰아沒我라고 하는 말 속에는 참으로 깊고도 심원한 깨달음으로 가는 뜻이 숨어 있습니다.

　순수 우리말 속어 '몰나'의 뜻을 제대로 알자면 한문 글자로 풀어 보아야 합니다. 한문 글자로는 몰할 몰沒자에 나 아我자를 써서 몰아沒我라고 합니다.

　몰아沒我란? 나는 아무것도 모른다는 의미로 쓰고 있습니다. 그러나 몰아의 깊은 뜻은 지금 내가 침몰해 버리고 나면 마침내 참 나인 진아眞我가 나타난다는 말의 뜻입니다.

아 얼마나 참으로 지당한 진언眞言입니까?

필자는 마음 넘어 묘각의 각성으로 가는 뜻이 숨어 있는 말을 진언眞言이라 합니다. 그러한 뜻이 숨어 있는 우리말 중에는 또 '보자'라고 하는 속어도 있습니다. 높은 뜻으로는 마음을 돌이켜보는 반야심경의 요체가 되고 있는 관자재觀自在의 줄임 말 '보자'입니다.

그러므로 '보자'란? 일체를 저 멀리 객관화시키는 신비로운 진언입니다. 삶의 환경을 주시하고 몸과 마음을 항상 주시하라는 진언이 '보자'입니다.

그래서 놀고 '보자' 맞습니다. 내 스스로 놀고 있는 모습도 각성의 눈으로 지켜보아야 합니다. 그러면 스스로 항상 움직이지를 않는 각성을 깨닫게 됩니다.

죽고 '보자', 옳은 말씀입니다. 죽는 사람이 자신이 죽는 모습을 각성의 눈으로 지켜만 본다면 천당이나 극락으로 바로 환생을 합니다. 그래서 죽고 보자란 진언이 있습니다.

하고 '보자', 그렇습니다. 자신이 무슨 행위를 하던 간에 각성의 눈으로 다 지켜볼 수 있다면 일체의 행위가 다 육바라밀을 닦는 보살도가 됩니다.

먹고 '보자', 그렇습니다. 스스로 먹고 씹는 일체의 행위와

175

음미하는 미각작용까지 각성의 눈으로 지켜만 본다면 바로 선정 열반으로 들어가는 보살도가 됩니다.

두고 '보자', 그렇습니다. 일체의 존재를 있는 그대로 각성의 눈으로 주시만 한다면 일체가 적정열반의 여래장이 됩니다.

공부를 하고 '보자', 그렇습니다. 공부의 방편은 무량합니다. 하지만 특히 앉아서 독경을 하고 염송을 할 때는 자신이 염송을 하고 있는 모습을 보아야 합니다. 마음으로 생각하는 의식의 행위도 각성의 눈으로 주시해야 합니다. 망상을 잠재우는 묵상이나 참선을 할 때도 각성의 눈으로 자신의 전 존재를 지켜보아야 합니다.

이렇게 지켜보는 '보자'가 성취되면 자연히 시방세계를 환히 다 보는 관자재보살이 됩니다.

이렇게 각성의 눈으로 주시하는 각관覺觀이 성취되면 여기 앉아서 해인사의 팔만대장경을 환히 다 보고 밖으로는 저 시방세계를 환히 다 봅니다.

아 보라. 이것이 우리말 속어 속에 담겨져 있는 불가사의 신통장 얘기입니다.

이렇게 우리말 속어에는 내 몸과 마음 너머를 보는 '보자'도 있으며 몸과 마음을 침몰沈沒시키는 '몰나'도 있습니다.

저 '몰나'나 '보자'는 다 묘각의 빛 각성으로 돌아가는 신비로운 진언입니다. 서양에 유명한 철학자나 성인들 중에서도 묘각의 빛 각성으로 돌아가신 분들이 몇 분계십니다. 그 대표적인 성인은 예수님이십니다. 예수님은 몰아沒我의 신비경을 통하여 우주의 몸 법신으로 부활을 하셨습니다.

그리고 '보자'의 직관력으로 각성의 세계로 입적을 하신 철학자들도 세 분이나 계십니다. 저 유명한 피타고라스와 소크라테스, 헤라클레토이스입니다.

이 세 분의 공통점은 다 국왕이 내리는 사약으로 돌아가셨습니다. 저 미친 나라의 사약을 꿀같이 달게 받아 잡수시고 조용히 웃으며 운명하셨습니다. 조용히 운명을 하시면서 남기신 유명한 명언의 이야기입니다.

"나는 지금 (보고)있다. 내 손과 발의 끝이 서서히 무감각해지고 있다. 그리고 하체가 그리고 온 전신이 서서히 싸늘하게 식어 가고 있다. 그리고 지금 내 얼굴에 입이…"

아, (보라). 이것이 묘각의 빛 각성으로 돌아가신 분들에게만 일어났던 이적과 기적이요 이것이 우리말 '보자'와 '몰나'의 참 뜻인 진언眞言입니다.

15. 진리眞理의 3대원칙

지금 필자는 과학으로 풀 수가 없다는 불가사의 수수께끼를 푸는 열쇠 세 개를 주고자 이 글을 씁니다.

왜? 하필 과학자냐 하면 과학자일수록 눈에 보이지 않으면 믿지 않는다는 의미로 미신未信이라 합니다.

눈에 안 보이는 것이 미신이라면 미신迷信이라 써야 옳습니다. 그렇다면 눈에 보이지도 않는 극미의 미립자微粒子를 믿는다는 미신迷信입니다.

그런데 어떻게 눈에만 안 보이면 무조건 미신未信이라 합니까?

잘 아시는 바와 같이 미립자는 십조 분의 일 평방 밀리미터입니다. 물론 눈으로나 마음으로도 생각할 수가 없는 극미(無極)의 단위입니다. 이렇게 눈으로는 도저히 볼 수도 없는 아무것도 없는 무극의 극치를 끝없이 파고드는 과학도들이 제 마음은 절대로 볼 수도 없건만 왜? 마음은 미신未信이라 아니합니까? 또 무슨 까닭으로 눈에 안 보이는 무상無相의 마음 같은 것을 찾는 과학도들이 제 마음은 찾지를 않나요?

바로 이 같은 심리가 지구상에 과학도들의 불가사의 수수께끼 심보들입니다. 본래로 진실이란 실상은 어떤 모양도 없습니다. 어떤 모양도 없는 무상도 일종의 상입니다. 이 상도 없는 상을 무상지상無相之相이라 합니다.

이 같은 무상지상無相之相을 묘각妙覺의 참모습이라 합니다. 묘각妙覺의 참 모습을 실상實相이라 합니다.

이렇게 묘각은 어떤 모양도 없습니다. 이를 <무량의경>에서는 무상지상이라 했습니다. 저 무상지상의 그림자가 곧 우리들이 쓰고 있는 마음입니다.

이런 줄을 전연 모르는 양반들이 다름 아닌 글 하는 학자나 없음을 파고드는 과학자들입니다.

저 무극의 불가사의 수수께끼를 푸는 열쇠 세 개를 지금 주고자 합니다. 이 세 개의 열쇠 이름을 필자는 진리의 삼대원칙三大原則이라 이름 합니다. 무엇을 진리의 삼대원칙이라 하는가?

첫째는 수학의 정리整理입니다.

수학의 정리는 의식의 소관입니다. 의식의 소관은 오늘날 우리가 애용하는 과학입니다. 그래서 과학은 모두가 수학의 정리 소관입니다. 그래서 물리物理로 존재하는 모든 것은 수학의 정리로 다 풀립니다. 수학의 정리로 풀리기도 하지만 수학의 정리인 과학으로 맞추면 자연스럽게 다양한 장난감이 만들어집니다. 그러므로 물리를 타고 다니는 과학은 모두가 의식의 소관입니다.

두 번째로는 망리妄理입니다.

허망한 생각이나 허망한 행위로 생기는 망리는 모두가 잠재의식의 소관입니다. 잠재의식은 오늘날 반도체와 같습니다. 반도체와 같은 잠재의식은 사람이 어떻게 생각을 해서 행위를 하느냐에 따라서 어떻게 사라집니다. 이를 운명運命이라 합니다.

사람이 선하고 악함에 따라서 행과 불행이 따르기도 하지만 혹자는 선하지도 악하지도 않습니다. 그래서 무의미하게 보잘것없이 사는 사람도 있습니다. 그러므로 사람의 운명 같은 것을 점치는 행위는 위험합니다.

왜냐하면 묘각을 성취하신 부처님 외에는 설령 대보살이

라도 정해진 바가 전연 없는 중생들의 잠재의식의 소관으로 생기는 운명을 알 자가 없기 때문입니다. 그러므로 과학으로는 사람의 운명 같은 수수께끼는 풀 수가 없습니다.

그래서 어떻게 생각을 하느냐에 따라서 결정되어지는 중생들의 운명은 그 누구도 모릅니다. 부처님을 제외하고 말입니다.

일체 만유의 운명에는 세 가지 속성이 다 있습니다. 그래서 핵도 잘만 쓰면 인류에 등불이 되어주고 잘못 쓰면 인류를 죽이기도 합니다. 저 무서운 우라늄을 그냥 가만히 내버려 두면 우주 대자연계에 유익하기도 하고 무익하기도 하며 지독한 인류에 악폐도 끼칩니다.

그러므로 우주 대자연계에는 지금도 불가사의한 길흉화복의 상서와 흉조가 부절하게 일어나고 있습니다. 이러한 현상을 가지고 과학으로 알려고 하면 과학병 환자가 되고 맙니다. 오직 대각을 하신 세존이 아니고는 우주와 삼라만상의 망리현상은 알 수가 없습니다.

특히 잠재의식이 병든 사람은 온갖 환각과 환시와 환청의 시달림을 받습니다. 그러므로 모든 정신병은 망리의 소관입니다. 그래서 오늘날 종합병원에는 무당과도 있을 법 합니다. 왜냐하면 허망하게 생기는 병은 허망한 굿 행위로도 혹

도움이 되는 수가 있기 때문입니다.

또 자연의 망리로 생기는 불가사의 수수께끼도 많습니다. 예로서 백두대간이라 이름 하는 강원도 대관령을 마구잡이로 길도 내고 터널을 뚫고 하는 인간들의 의식의 장난으로 강원도 동해안 일대에는 지금도 자연의 재해가 끊이질 않고 있습니다. 자고로 동해안 일대는 자연재해가 별로 없었던 성역입니다.

그런데 작금의 천재로는 동해안에는 통 비가 오지를 않습니다. 또 자연재해로는 낙산사가 불에 다 타기도 했지만 심심하면 대관령 일대에는 산불이 일어나서 세계에서 제일 좋은 송림들을 다 태워버리고 있습니다.

이러한 자연의 망리로 일어나는 자연재해를 피하고 막는 민속신앙은 세계마다 다 있습니다. 고래부터 우리 민족은 산에는 산신당을 모셔놓고 산재를 올렸습니다. 동구마다 성황당을 지어놓고 동민의 안위를 위한 동고사를 지내 왔습니다.

혹은 수령 높은 느티나무 밑에도 신험을 비는 신당이 있어 왔습니다. 그런데 오늘날 엉터리 과학 지식꾼들은 이를 미신이라 합니다. 저 우주대자연에는 불가사의 수수께끼로 꽉 차 있는 줄도 모르는 참 바보들 말입니다.

중생들의 잠재의식으로 생기는 망령의 신기루가 있음을

까맣게 모르면서 말입니다.

이러한 천재지변이 오는 원인 중에는 그것이 인위적이든 자연적이든 간에 멀쩡한 산하대지를 함부로 훼손시키고 나면 그 공간을 지탱하고 있던 진공의 자기장에 변리현상이 일어납니다. 이러한 변리현상으로 말미암아 불가사의한 자연재해가 반드시 일어나게 됩니다.

특히 인위적인 사건의 망리로는 조상의 산소를 함부로 이장을 했을 때 일어나는 집안의 줄초상도 같은 맥락입니다.

또한 영혼의 망리로 생기는 괴변도 많이 봅니다. 형광성 영매체로 생기는 접시비행기 얘기나 세상에 이름난 큰 인물이 죽을 때에 공중에서 일어나는 신기루 같은 오라현상 등은 다 망리의 소관입니다.

세 번째로는 무리無理가 있습니다.

무리無理는 무의식의 소관입니다. 지금도 세상을 놀라게 하는 기적과 이적은 많이 듣고 봅니다. 이는 모두 하늘과 땅과 인간이 지니고 있는 복덕성 가운데서 끝없이 주고 끝없이 용서하는 마이너스(-) 복덕성과 빼앗고 벌주는 플러스(+) 악덕성에서 일어납니다. 이러한 이적과 기적은 인간의 머리로는 답이 없습니다.

세상에 별난 인재들이 이리저리 생각하는 논리로는 답이 없습니다. 그 까닭은 무량한 마이너스성(-) 무리無理의 복덕성이나 탐하고 질투하는 플러스성(+) 악덕성의 소관이기 때문입니다. 그러므로 악덕성이나 복덕성으로 생기는 이적과 기적은 다 무리에서 일어납니다.

무엇을 복덕성이라 말하는가? 각성의 빛으로 만들어진 불가사의한 신통장을 복덕성이라 이름 합니다. 그러므로 복이 많은 사람은 풍요로운 환경에서 살게 됩니다. 저 천국이나 이 지구촌에서도 좋은 국토와 부귀한 집안에서 잘 살게 됩니다. 그래서 복은 환경의 풍요로움이라 이름 합니다. 악덕성이 많은 사람은 오지에 태어나서 지금도 죽을 고생을 끝도 없이 하는 가련한 중생이 됩니다.

공덕空德이란? 불가사의 각성으로 빛나는 의식의 풍요로움을 말합니다. 그래서 공덕을 성취한 사람은 생로병사에 걸리지도 않고 혹 인간 세상에 태어난다 하더라도 영광스러운 제왕이나 존귀한 신분으로 살게 됩니다.

물론 지극히 무자비한 악덕성惡德性에서도 불가사의한 이적과 기적이 일어납니다. 천하에 눈 뜨고 못 볼 불구가 되기도 하고 흉악한 오지에 사는 괴물도 있습니다.

그래서 동성애자들이 결혼을 하면 어느 생에는 반드시 한 몸에 머리가 둘이 달리는 기형이 됩니다. 또 혈족이 붙어살면 쌍둥이보를 받습니다. 이러한 기구 망칙한 업보들은 모두 무리한 행위를 한 무리에서 빚어진 기적과 이적입니다.

선악을 불문하고 이러한 무리에서 생기는 이적과 기적의 현상들을 현실에서 눈뜨고 훤히 보고서도 선악의 업보가 없다고 망언妄言을 하게 되면 식물인간 같은 무정물이 됩니다.

그러므로 우리는 무엇보다도 의식과 잠재의식과 무의식으로 뭉쳐진 지금 이 마음을 맑히고 밝히는 명상이나 참선을 많이 해야 합니다.

허망한 마음이라서 누구나 뻔히 잘 알면서도 마음 공부하기는 참으로 어렵습니다. 그러므로 어서들 마음을 훌쩍 뛰어넘는 참선 수행을 열심히 해야 합니다.

마음을 훌쩍 뛰어넘게 되면 저절로 묘각의 빛 각성의 눈으로 보는 초능력의 지혜가 불꽃처럼 일어나게 됩니다. 지혜가 일어나면 진리의 삼대원칙으로 생기는 저 과학자들이 풀수 없는 수수께끼들을 환히 다 봅니다. 못 보는 범부들에겐 속 시원한 이야기로 풀어줍니다. 이는 묘각妙覺의 빛 각성覺性의 눈 지혜智慧가 있기 때문입니다.

하나. 이야기 불경佛經

앞장에서 말씀드린 마음의 생원설은 구경究竟의 묘각妙覺에서 마음이 생기게 된 이야기였습니다.

그러나 앞으로 얘기할 원각경 보안장은 부처님께서 말단의 육신을 통하여 구경의 묘각으로 올라가는 말씀을 한 경전을 가지고 쉬운 우리말 이야기로 풀려고 합니다.

다시 말씀을 드리면 앞장에서는 하늘에 뜬 태양의 빛으로 오색 무지개가 되는 이치로 마음의 생원설을 밝힌 얘기라면 원각경 보안장에서는 육신을 통하여 구경의 묘각을 찾아서 올라가는 얘기가 되고 있습니다. 다시 말씀을 드리면 앞과 뒤는 정반대의 이야기가 되고 있습니다.

저 청정 묘각은 어떠한 모양도 형상도 없습니다. 그러므로 지금 우리가 쓰고 있는 이 마음은 그래도 유정 무정의 감성으로는 느낄 수가 있습니다. 하지만 저 청정 묘각은 일단 생각하는 마음 자체를 지워 버려야 합니다.

왜냐? '불설 언어도단佛說 言語道斷'이기 때문입니다.

불설 청정 묘각은 마음 분의 -21승의 자리에 있습니다. 있기는 분명히 있습니다. 어떻게 있느냐가 문제입니다. 실로 불가설 불가설 청정 묘각은 아무것도 없는 무극의 극치입니다. 저 무극의 극치를 상이 없는 상이란 뜻으로 그 이름을 문자로 무상지상無相之相이라 했습니다.

상 없는 상은 곧 청정 묘각입니다. 그런데 지금 여기 원각경 보안장에서는 세존께서 물질로 된 육신을 통하여 저 무상지상을 찾아 들어가는 지혜를 말씀하셨습니다. 살덩이 육체를 가지고 철저히 분해하고 또 분석합니다. 분해와 분석으로는 불급하므로 이것을 또 미분과 적분을 거듭해서 저 무상지상無相之相의 묘각을 확인시켜 줍니다.

여기 한 그루의 꽃나무가 있습니다. 그 꽃나무 속에서 꽃을 찾습니다. 또 여기 한 알의 씨앗이 있습니다. 그 씨앗 속에서 뿌리와 줄기와 잎과 꽃을 찾습니다.

이렇게 세존은 육체를 나누고 분석하고 심지어 미분 적분도 거듭하십니다. 필경에는 실체가 없는 허망한 몸과 마음을 다 헐어 버리고 그 속에서 구경의 청정 묘각을 확인시켜 주십니다. 지금으로부터 삼천 년 전에 말입니다.

그 먼 옛날에 이미 세존은 해부학 이론을 가지고 저 허망한 몸과 마음을 밝힘과 동시에 저 마음 너머에 찬란한 구경의 묘각이 있음을 확인시켜 주십니다. 아주 수월히 깨닫게 해 주십니다.

여기서 잠깐 불경을 번역이나 의역을 함에 있어서 참으로 안타까운 얘기를 하고 넘어가야겠습니다. 불경에는 삼대경전이 있습니다. 이를 대승경전이라 합니다.

첫째는 대방광불화엄경大方廣佛華嚴經입니다. 우리말로 쉽게 풀면 '다방면으로 광장설을 하신 부처님의 빛나는 장엄의 경'이란 긴 이름이 됩니다.

화엄경華嚴經의 간단한 뜻은 성불이 무엇인가를 보여주신 경입니다. 성불을 한 석존 자신의 본 모습을 보여주신 경전입니다.

또 경전의 전체적인 의미는 성불한 석존에게는 삼신이 있습니다. 법신法身, 보신報身, 화신化身이라 합니다. 성불이 되면 반드시 저 삼신이 구족되어 있음을 밝히신 경전입니다.

또 두 번째로는 지금 여기 원각경圓覺經입니다. 원각경은 세존이 성취하신 묘각妙覺으로 가는 길을 12대 보살이 묻고 세존이 직접 대답하신 경전입니다.

또 세 번째로는 실상묘법연화경實相妙法蓮華經입니다. 법화경法華經의 뜻은 이름 그대로 만법에 씨앗의 경이란 뜻입니다. 그 전체적인 의미는 만초 만화에는 다 씨앗이 있습니다. 그와 마찬가지로 성불을 하는 불종자가 따로 있습니다.

그 불종자의 씨를 뿌리고 심고 하는 심심미묘한 경전입니다.

중생들에겐 성불의 씨앗이 없습니다. 그래서 절대로 성불을 할 수가 없습니다. 그래서 부처님은 불종자를 심어주는 특별 조치법으로 법화경法華經을 설해 두셨습니다.

그러므로 누구나 법화경을 읽고, 외우고, 쓰고, 해설하면 저절로 불종자가 생겨서 마침내 성불하게 됩니다. 그래서 더 이상 없는 경經 중의 '법왕法王'이 되고 있습니다.

필자가 지금 여기서 밝히고자 하는 경전이 원각경입니다. 원각경은 세존께서 여래묘각의 대광명 신통장에서 설하신 경전입니다.

그 원각경 보안장에서 문수보살과 보현보살이 먼저 묻고 세 번째로 보안보살이 세존께 물은 내용입니다. 그 내용을 필자가 쉬운 우리말로 풀어서 이해를 돕고 있습니다.

필자가 다른 저서에서도 말했고 앞서도 밝혔습니다만 실로 고전의 불경은 너무나 어렵습니다. 이렇게 어렵고 난해한 경전을 그대로 번역을 하자니 문맥에 걸리고 그렇다고 의역을 하자니 무량의에 걸리고 그냥 그대로 모셔 두자니 부처님의 육성을 직접 들음과 다름이 없는 지극히 소중한 부처님 말씀들이 세상에 누구도 거들떠 볼 수도 없는 경전이 되고 있을 뿐입니다.

그래서 생각한 최선의 방편은 쉬운 말, 이야기로 이해를 돕는 길밖엔 없습니다.

둘. 원각경圓覺經 보안장普眼章

圓覺經 普眼菩薩章
원 각 경 보 안 보 살 장

於是 普眼菩薩 在大衆中 卽從座起 頂禮佛足
어 시 보 안 보 살 재 대 중 중 즉 종 좌 기 정 례 불 족

右遶三帀 長跪叉手 而白佛言 大悲世尊 願
우 요 삼 잡 장 궤 차 수 이 백 불 언 대 비 세 존 원

爲此會 諸菩薩衆 及爲末世一切衆生 演說菩
위 차 회 제 보 살 중 급 위 말 세 일 체 중 생 연 설 보

薩 修行漸次 云何思惟 云何住持 衆生 未悟
살 수 행 점 차 운 하 사 유 운 하 주 지 중 생 미 오

作何方便 普令開悟 世尊 若彼衆生 無正方便
작 하 방 편 보 령 개 오 세 존 약 피 중 생 무 정 방 편

及正思惟 聞佛如來 說此三昧 心生迷悶 則於
급 정 사 유 문 불 여 래 설 차 삼 매 심 생 미 민 즉 어

圓覺 不能悟入 願興慈悲 爲我等輩 及末世衆
원 각 불 능 오 입 원 흥 자 비 위 아 등 배 급 말 세 중

生 假說方便 作是語已 五體投地 如是三請
생 가설방편 작시어이 오체투지 여시삼청

終而復始
종 이 부 시

爾時 世尊 告普眼菩薩言 善哉善哉 善男子
이시 세존 고보안보살언 선재선재 선남자

汝等 乃能爲諸菩薩 及末世衆生 問於如來 修
여등 내능위제보살 급말세중생 문어여래 수

行漸次 思惟住持 乃至假說種種方便 汝今諦
행점차 사유주지 내지가설종종방편 여금제

聽 當爲汝說 時 普眼菩薩 奉敎歡喜 及諸大
청 당위여설 시 보안보살 봉교환희 급제대

衆 黙然而聽
중 묵연이청

善男子 彼新學菩薩 及末世衆生 欲求如來淨
선남자 피신학보살 급말세중생 욕구여래정

圓覺心 應當正念 遠離諸幻 先依如來奢摩他
원각심 응당정념 원리제환 선의여래사마타

行 堅持禁戒 安處徒衆 宴坐靜室 恒作是念
행 견지금계 안처도중 연좌정실 항작시념

我今此身 四大和合 所謂髮毛爪齒 皮肉筋骨
아금차신 사대화합 소위발모조치 피육근골

髓腦垢色 皆歸於地 唾涕膿血 津液涎沫 痰淚
수뇌구색 개귀어지 타체농혈 진액연말 담누

精氣 大小便利 皆歸於水 暖氣 歸火 動轉 歸
정기 대소변리 개귀어수 난기 귀화 동전 귀

風 四大各離 今者妄身 當在何處 卽知此身
풍 사대각리 금자망신 당재하처 즉지차신

畢竟無體 和合爲相 實同幻化 四緣假合 妄有
필경무체 화합위상 실동환화 사연가합 망유

六根 六根四大 中外合成 妄有緣氣 於中積聚
육근 육근사대 중외합성 망유연기 어중적취

似有緣相 假名爲心
사유연상 가명위심

善男子 此虛妄心 若無六塵 則不能有 四大分
선남자 차허망심 약무육진 즉불능유 사대분

解 無塵可得 於中緣塵 各歸散滅 畢竟無有緣
해 무진가득 어중연진 각귀산멸 필경무유연

心可見 善男子 彼之衆生 幻身 滅故 幻心 亦
심가견 선남자 피지중생 환신 멸고 환심 역

滅 幻心 滅故 幻塵 亦滅 幻塵 滅故 幻滅 亦
멸 환심 멸고 환진 역멸 환진 멸고 환멸 역

滅 幻滅 滅故 非幻 不滅 譬如磨鏡 垢盡明現
멸 환멸 멸고 비환 불멸 비여마경 구진명현

善男子 當知身心 皆爲幻垢 垢相 永滅 十方
선남자 당지신심 개위환구 구상 영멸 시방

淸淨 善男子 譬如淸淨摩尼寶珠 映於五色 隨
청정 선남자 비여청정마니보주 영어오색 수

192

方各現 諸愚癡者 見彼摩尼 實有五色 善男子
방각현 제우치자 견피마니 실유오색 선남자

圓覺淨性 現於身心 隨類各應 彼愚癡者 說淨
원각정성 현어신심 수류각응 피우치자 설정

圓覺 實有如是身心自相 亦復如是 由此 不能
원각 실유여시신심자상 역부여시 유차 불능

遠於幻化 是故 我說身心 幻垢 對離幻垢 說
원어환화 시고 아설신심 환구 대리환구 설

名菩薩 垢盡對除 卽無對垢 及說名者
명보살 구진대제 즉무대구 급설명자

善男子 此菩薩 及末世衆生 證得諸幻 滅影
선남자 차보살 급말세중생 증득제환 멸영

像故 爾時 便得無方淸淨 無邊虛空 覺所顯
상고 이시 변득무방청정 무변허공 각소현

發 覺圓明故 顯心淸淨 心淸淨故 見塵 淸淨
발 각원명고 현심청정 심청정고 견진 청정

見淸淨故 眼根 淸淨 根淸淨故 眼識 淸淨 識
견청정고 안근 청정 근청정고 안식 청정 식

淸淨故 聞塵 淸淨 聞淸淨故 耳根 淸淨 根淸
청정고 문진 청정 문청정고 이근 청정 근청

淨故 耳識 淸淨 識淸淨故 覺塵 淸淨 如是乃
정고 이식 청정 식청정고 각진 청정 여시내

至 鼻舌身意 亦復如是 善男子 根淸淨故 色
지 비설신의 역부여시 선남자 근청정고 색

193

塵 清淨 色清淨故 聲塵 清淨 香味觸法 亦復
진 청정 색청정고 성진 청정 향미촉법 역부

如是 善男子 六塵 清淨故 地大 清淨 地清淨
여시 선남자 육진 청정고 지대 청정 지청정

故 水大 清淨 火大風大 亦復如是 善男子 四
고 수대 청정 화대풍대 역부여시 선남자 사

大清淨故 十二處 十八界 二十五有 清淨 彼
대청정고 십이처 십팔계 이십오유 청정 피

清淨故 十力 四無所畏 四無礙智 佛十八不共
청정고 십력 사무소외 사무애지 불십팔불공

法 三十七助道品 清淨 如是乃至八萬四千陀
법 삼십칠조도품 청정 여시내지팔만사천다

羅尼門 一切 清淨
라니문 일체 청정

善男子 一切實相 性清淨故 一身 清淨 一身
선남자 일체실상 성청정고 일신 청정 일신

清淨故 多身 清淨 多身 清淨故 如是乃至十
청정고 다신 청정 다신 청정고 여시내지시

方衆生 圓覺 清淨 善男子 一世界 清淨故 多
방중생 원각 청정 선남자 일세계 청정고 다

世界 清淨 多世界 清淨故 如是乃至盡於虛空
세계 청정 다세계 청정고 여시내지진어허공

圓裹三世 一切平等 清淨不動 善男子 虛空
원과삼세 일체평등 청정부동 선남자 허공

如是平等不動 當知 覺性 平等不動 四大不動
여시평등부동 당지 각성 평등부동 사대부동

故 當知覺性 平等不動 如是乃至八萬四千陀
고 당지각성 평등부동 여시내지팔만사천다

羅尼門 平等不動 當知覺性 平等不動
라니문 평등부동 당지각성 평등부동

善男子 覺性 遍滿淸淨不動 圓無際故 當知
선남자 각성 변만청정부동 원무제고 당지

六根 遍滿法界 根遍滿故 當知 六塵 遍滿法
육근 변만법계 근변만고 당지 육진 변만법

界 塵遍滿故 當知 四大 遍滿法界 如是乃至
계 진변만고 당지 사대 변만법계 여시내지

陀羅尼門 遍滿法界 善男子 由彼妙覺 性遍滿
다라니문 변만법계 선남자 유피묘각 성변만

故 根性塵性 無壞無雜 根塵 無壞故 如是乃
고 근성진성 무괴무잡 근진 무괴고 여시내

至陀羅尼門 無壞無雜 如百千燈 光照一室 其
지 다라니문 무괴무잡 여백천등 광조일실 기

光 遍滿 無壞無雜
광 변만 무괴무잡

善男子 覺成就故 當知 菩薩 不與法縛 不求
선남자 각성취고 당지 보살 불여법박 불구

法脫 不厭生死 不愛涅槃 不敬持戒 不憎毁禁
법탈 불염생사 불애열반 불경지계 부증훼금

不重久習 不輕初學 何以故 一切覺故 譬如眼
부중구습 불경초학 하이고 일체각고 비여안

光 曉了前境 其光 圓滿 得無憎愛 何以故 光
광 효료전경 기광 원만 득무증애 하이고 광

體無二 無憎愛故 善男子 此菩薩 及末世衆生
체무이 무증애고 선남자 차보살 급말세중생

修習此心 得成就者 於此 無修亦無成就 圓
수습차심 득성취자 어차 무수역무성취 원

覺 普照 寂滅無二 於中 百千萬億阿僧祇不可
각 보조 적멸무이 어중 백천만억아승지불가

說恒河沙諸佛世界 猶如空花 亂起亂滅 不卽
설항하사제불세계 유여공화 난기난멸 부즉

不離 無縛無脫 始知衆生 本來成佛 生死涅槃
불리 무박무탈 시지중생 본래성불 생사열반

猶如昨夢
유여작몽

善男子 如昨夢故 當知 生死 及與涅槃 無起
선남자 여작몽고 당지 생사 급여열반 무기

無滅 無來無去 其所證者 無得無失 無取無捨
무멸 무래무거 기소증자 무득무실 무취무사

其能證者 無作無止 無任無滅 於此證中 無能
기능증자 무작무지 무임무멸 어차증중 무능

無所 畢竟 無證亦無證者 一切法性 平等不壞
무소 필경 무증역무증자 일체법성 평등불괴

196

善男子 彼諸菩薩 如是修行 如是漸次 如是思
선 남 자 피 제 보 살 여 시 수 행 여 시 점 차 여 시 사

惟 如是住持 如是方便 如是開悟 求如是法
유 여 시 주 지 여 시 방 편 여 시 개 오 구 여 시 법

亦不迷悶
역 불 미 민

爾時 世尊 欲重宣此義 而說偈言
이 시 세 존 욕 중 선 차 의 이 설 게 언

普眼 汝當知 一切諸衆生 身心 皆如幻
보 안 여 당 지 일 체 제 중 생 신 심 개 여 환

身相 屬四大 心性 歸六塵 四大體各離
신 상 속 사 대 심 성 귀 육 진 사 대 체 각 리

誰爲和合者 如是漸修行 一切悉淸淨
수 위 화 합 자 여 시 점 수 행 일 체 실 청 정

不動遍法界 無作止任滅 亦無能證者
부 동 변 법 계 무 작 지 임 멸 역 무 능 증 자

一切佛世界 猶如虛空花 三世悉平等
일 체 불 세 계 유 여 허 공 화 삼 세 실 평 등

畢竟無來去 初發心菩薩 及末世衆生
필 경 무 래 거 초 발 심 보 살 급 말 세 중 생

欲求入佛道 應如是修習
욕 구 입 불 도 응 여 시 수 습

이때 보안보살이 대중들 가운데 있다가 앉은 자리에서 일어나 부처님의 발에 정례를 하고 곧 부처님 주위를 세 바퀴 돌고는 부처님 앞에서 무릎을 꿇고 두 손 모아 합장을 하고 세존께 여쭈었습니다.

"거룩하신 세존이시여, 원컨대 모든 보살 대중과 그리고 말세 일체중생들을 위하여 두루 깨닫는 원각으로 점차적으로 수행해서 들어가는 절차를 말씀하여 주옵소서.

어떻게 바른 생각을 해야 하며 몸가짐은 어떻게 해야 하겠습니까? 만약에 저들이 잘 깨닫지 못할 경우에는 어떤 방편을 가져야 누구나 쉽게 깨닫겠습니까?

세존이시여, 만약에 저 중생들이 옳은 방편도 없고 옳게 생각도 하지 못할 경우에는 설령 여래께서 말씀하시는 삼매법을 듣더라도 마음이 아득해서 두루 깨닫는 원각으로 쉽게 들어갈 수가 없나이다.

원하옵니다. 자비를 베푸시어 저와 같은 무리들과 저 말세 중생들을 위하여 여러 가지 방편을 말씀하여 주옵소서."

이렇게 말씀을 드리고는 오체를 땅에 던지며 세 번 간청을 하고는 자리로 돌아가 조용히 부처님의 거룩한 말씀을 기다렸습니다.

이때에 세존은 보안보살에게 이렇게 말씀을 하셨습니다.

"아, 착하고 착하다. 선남자야, 너희들이 일체 모든 보살과 더불어 말세 중생들을 위하여 여래에게 수행을 잘 해서 원각圓覺으로 들어가는 절차를 잘 물었구나.

그러면 어떻게 바른 생각과 몸가짐을 가지고 어떤 방편으로 어떻게 수행을 해야 함을 지금 너는 잘 들어라. 마땅히 너를 위하여 설하겠노라."

이때에 보안보살이 부처님의 말씀을 듣고는 너무나 기뻐하면서 대중들과 함께 조용히 경청을 하고 있었습니다.

"선남자야. 처음 배우는 보살이나 말세의 중생들이 여래가 성취한 청정한 원각圓覺을 구하고자 하는 마음이 있다면 반드시 이와 같이 생각해야 한다.

무엇보다 부질없는 세상만사를 다 멀리하고 여래의 사마타행을 반드시 의지해야 한다. 그리고 저 여래의 사마타행인 계율을 엄격히 지켜야 한다.

이렇게 금하는 계를 굳게 지키면서 뜻 맞는 여러 도반들과 함께 하라. 그리고 가장 편안한 장소를 택한 후에 안온한 방에 편안히 앉아서 꾸준히 이렇게 생각을 하라.

'지금 나의 몸은 사대四大로 화합된 몸이니라. 그러면 무엇을 사대라고 하는가? 머리털과 손톱 이빨 그리고 피부와 살과 근육과 뼈대와 두골은 모두 흙으로 돌아가고, 입안의 침과 콧물이나 피와 땀과 눈물 그리고 저 대소변은 물로 돌아가고, 따뜻한 기운은 불로 돌아가고, 움직이는 동정의 행위는 바람으로 돌아간다.'

이렇게 사대가 각각 떠나고 나면 지금 이 몸뚱이는 과연 어디에 있겠느냐? 필경에는 어떤 형체도 없는 화합으로 나타난 몸이니라. 실로 무지개 같은 환상이니라.

네 가지 인연이 부질없이 화합해서 허망한 육근이 있게 되었다. 이렇게 사대로 뭉쳐진 육근에 밖으로는 받아들이고 안으로는 반응을 하는 감성의 기관이 생기게 되었다. 감성의 기관에서 느끼고 감응을 하는 그 중간에서 흡사 무엇이 있는 듯한 앎의 식성이 생기게 되었다.

이렇게 허망한 인연의 반응으로 일어난 육근의 식성을 이름 해서 심心이라 했느니라. 흡사 손뼉을 치면 없던 음파의 진동을 내듯이 말이다.

그러므로 선남자야, 저 중생들이 사대로 뭉쳐진 제 몸을 스스로 분해하게 되면 저절로 연상 심리의 지력으로 자신의 몸이 소멸되어 없어짐은 이해로 느낄 것이다.

이렇게 사대로 생긴 이 몸을 각각 지, 수, 화, 풍으로 돌려보내고 나면 지금 나라고 하던 에고는 어디에 있느냐?

마땅히 이해의 해각으로 알리라. 저 사대로 생긴 몸이 분리가 되고 나면 환상의 몸이 없어지고 환상의 몸이 없어지면 육근도 없어지고 육근이 없어지면 육근의 반연으로 생긴 감성이 없어지고 감성이 없어지면 감성을 식별한 식심識心도 소멸된다. 이렇게 환상으로 생긴 식심이 소멸되므로 소멸되어 없어진 그 체도 깨끗이 없어진다.

이와 같이 깨끗이 없어진 것 그것마저도 다 증발되고 나면 더 이상 없어지려고 해도 도무지 없어질 수가 없는 절대무극의 경지가 드러나게 된다. 저 절대의 무극은 환상이 아니다. 환상이 아니므로 절대로 소멸될 수가 없느니라.

이러한 절대의 경지를 간단한 비유로 이해를 돕겠다. 예를 든다면 다음과 같다.

여기에 때가 잔뜩 낀 거울이 있다고 하자. 이것을 가지고 손으로 닦고 또 닦아서 마침내 더 이상 닦을 것이 없게 되면 필경에는 본래로 맑고 밝은 명경이 환하게 드러나게 된다. 꼭 이와 같은 이치로 사대를 분해하는 사유명상을 하느니라. 그래서 이 몸은 사대로 돌려보내고 식심識心은 육근으로 돌려보내고 나면 지금 내 마음이란 놈이 어디에 있겠느냐?

선남자야, 마땅히 알라. 이 몸과 마음은 모두 환상과 같은 묘각의 때이니라. 저 때와 같은 몸과 마음이 철저히 소멸되고 나면 저 무변 허공계가 온통 다 맑고 깨끗하게 되느니라.

선남자야 비유를 해보면 다음과 같다. 지금 여기에 맑고 청정한 마니보주摩尼寶珠가 있다. 그 마니보주는 각 방향에 따라서 다양한 빛을 발한다. 저 다양한 빛의 오색을 본 어리석은 중생들은 저 마니보주에는 실제로 오색이 있다고 한다.

꼭 이와 마찬가지로 어리석은 중생들은 무상지상無相之相의 청정 묘각에는 본래로 몸과 마음이 있다고 하는 것과 같다.

선남자야, 본래로 두루 깨닫고 두루 아는 청정한 원각圓覺의 성품에는 지금 우리의 몸과 마음 같은 것이 있을 수가 없느니라. 다만 맑고 밝은 마니보주에서 환시로 보는 오색과 같을 뿐이다. 참으로 청정한 묘각은 저 마니보주처럼 밝고 맑아서 이것이 오히려 허물이 되었을 뿐이다.

묘각의 빛 각성이 두루해 있으면서 그 빛이 몸으로 가면 몸을 깨닫고 아는 감각이 되었고, 안眼·이耳·비鼻·설舌·신身·의意로 가면 육근을 감지하는 육식이 되었다.

이러한 까닭을 전연 모르는 어리석은 중생들은 내 몸과 마음이 본래 있는 것이라 착각을 한다. 마치 저 어리석은 중생들이 마니보주에는 실제로 오색이 있다고 착각하는 것과 같다. 이런 연유로 마니보주의 오색과 같은 신심身心을 환상으로 깨닫고 멀리 객관화시키지 못하고 있다.

이런 고로 내가 항상 말하기를 지금 이 몸과 마음은 아지랑이 같은 환상인 때로 보라고 했다.

저 환상의 때인 몸과 마음을 멀리 떠나 보낸 사람을 나는 보살이라고 했다. 우선적으로 신심身心의 때를 다 소멸시켜야 한다. 그 때를 다 제거해 버리고 나면 중생들의 고뇌란 있을 수가 없다. 그러므로 더 이상 있을 것이 아무것도 없느니라.

선남자야, 이미 두루 깨닫는 묘각의 각성을 본 보살이나 저 말세 중생들이 만약 이 환심의 때를 다 소멸시키고 나면 이 때에 어디라 없이 맑고 밝은 청정한 경계가 활연히 드러날 것이다. 그 때에 끝도 없는 저 허공계가 두루 맑고 깨끗한 각성의 빛 속에서 환히 다 드러난다.

알라, 저 무변 허공계도 다 묘각의 빛 속에 드러난 하나의 물거품인 것을. 이는 본래로 두루 다 깨닫고 다 아는 원각圓覺이 명묘하게 두루 밝은 까닭이다.

지금 우리가 쓰고 있는 이 몸이 말끔히 다 제거되고 나면 저절로 지금 이 마음도 따라서 없어지므로 다 청정해진다. 그렇게 되면 육감으로 깨닫고 아는 성품인 견성見性도 또한 청정해진다. 일체를 두루 드러내어 보여주는 성품(見性)이 청정한 까닭으로 감관인 안근眼根이 청정해지고, 안근이 청정해지므로 보고 깨닫고 아는 시각視覺이 청정해지고, 시각이 청정한 고로 눈으로 보고 깨닫고 아는 안식眼識이 청정해진다.

이렇게 깨닫고 아는 각진覺塵이 청정한 고로 듣는 청각聽覺도 청정하고, 듣는 청각이 청정한 고로 귀로 듣고 아는 이식耳識도 청정해진다.

이렇게 깨닫고 아는 식識이 청정한 까닭으로 일체를 두루 다 깨닫고 아는 각진覺塵이 모두 청정해진다. 이와 같이 코, 혀, 몸, 생각하는 뜻도 다 그와 같이 청정하게 되느니라.

선남자야, 육근이 모두 청정한 까닭으로 밖으로 받아들이는 이 물질의 진공인 색진色塵도 청정하며, 저 색진이 청정한 고로 듣는 소리의 성품도 다 깨끗해진다. 이와 같이 밖으로부터 받아들이는 감성의 성품인 냄새나 맛이나 촉감이나 느낌의 앎이 모두 청정하게 되느니라.

선남자야, 육감으로 받아들이는 육진六塵이 청정한 고로 몸을 만든 지대地大가 청정하고, 지대가 청정한 고로 몸속에 흐르는 수대水大도 청정해진다. 이와 같이 몸 안의 화대火大, 풍대風大도 다 그와 같이 맑고 깨끗해진다.

선남자야, 사대四大가 청정한 고로 내 몸에 있는 육근(6×2)이 안팎을 보고 감관인 12처와, 안과 밖과 그 중간 사념을 깨닫는 18계와 저 우주의 세계인 욕계 6천과 색계 18천과 무색계 4천인 25유의 세계가 모두 청정하게 되느니라.

이렇게 청정한 고로 묘각 여래가 지니고 있는 열 가지 힘(十力)과 네 가지 두려움이 없음(四無所畏)과 네 가지 걸림이 없는 지혜인 사무애지四無碍智와 성불을 한 부처님에게만 있는 열여덟 가지 일반 보살들과 같이하지 않는 최상승의 진리인 십팔불공법十八不共法과 보살들이 닦아야 하는 서른일곱 가지 도를 돕는 37조도품助道品이 모두 청정해진다. 아울러 팔만 사천다라니문이 모두 청정하게 되느니라.

선남자야, 내 한 몸이 청정한 까닭으로 많은 사람들의 몸도 청정해지고 많은 몸이 청해지므로 이와 더불어 시방 일체 중생들의 본래로 두루 깨닫고 아는 원각圓覺도 모두 청정해지느니라.

선남자야, 내가 머물고 있는 한 세계가 청정하게 되면 많은 세계도 다 청정해진다. 이와 같이 많은 세계가 다 청정한 까닭으로 끝없는 저 허공도 그와 같아서 삼세란 시간도 다 안팎으로 두루 다 청정해지느니라.

선남자야, 잘 기억해 두어라. 일체가 저 허공과 같이 두루 다 평등한 까닭으로 깨닫고 아는 성품도 두루 평등해서 다름이 없다. 그런 고로 일체를 두루 다 깨닫고 아는 팔만사천 다라니문도 평등해서 하나도 다름이 없다. 이렇게 일체가 평등 부동한 까닭으로 깨닫고 아는 묘각妙覺의 각성覺性도 두루 같아서 한결 같게 되느니라.

선남자야, 청정 묘각의 각성은 저 무변 허공계에 두루 가득해서 조금도 움직임이 없느니라. 그러므로 묘각의 각성은 없는 곳이 없음을 꼭 알아야 한다.

그런 까닭으로 육감을 의식하는 육근을 깨닫고 아는 각성 세계가 두루하다. 두루한 까닭으로 육근의 기관인 근根도 허공계에 두루 가득하고 이렇게 두루 가득한 까닭으로 깨닫고 아는 육식六識인 육진六塵도 세계에 두루 가득하다.

이렇게 육진을 깨닫고 아는 각성이 세계에 두루 가득한 까닭으로 물질로 된 지수화풍 속에도 깨닫고 아는 각성이 두루 가득하게 되었다. 이와 같이 일체를 다 깨닫는 온갖 다라니문의 세계에 묘각의 각성이 두루 가득하게 되었다.

선남자야, 저 청정 묘각의 깨닫고 아는 각성이 시방세계에 두루 가득한 연유로 육근이나 육근에 깃들여 있는 깨닫고 아는 의식의 성품들은 서로 다투지도 않고 서로 뒤섞여서 잡됨이 없느니라.

육근이나 육근에 깃든 의식이 서로 다투고 해치는 일이 없으므로 일체를 깨닫고 아는 다라니문도 서로 해침도 없고

206

서로 뒤섞여서 잡됨이 없다.

비유를 하면 캄캄한 방안에다 백천 개의 등불을 켜놓았다고 하자. 그렇게 많은 등불을 밝혀 두고 보면 자연히 온 방안은 하나같이 환한 빛으로 가득하게 된다. 이때에 환한 방안의 공간에서는 수 천 개의 등불을 별도로 찾을 수가 없다. 그것은 어떤 종류의 불빛이든 간에 한결같이 환하게 밝기 때문이다. 수 천 종의 불빛은 온통 하나의 광명장일 뿐 여러 종류의 등불들이 서로 뒤섞여서 혼란스럽게 다투지 않기 때문이다.

우리의 몸에 있는 온갖 기관도 그와 마찬가지다. 마치 한 방 안을 비추고 있는 수 천 개의 등불처럼 온몸에 가득한 각종의 감관은 수 천 개의 등불과 같다. 저 많은 등불이 온 전신을 두루 비추고는 있지만 성질을 달리한 각종 기관의 등불은 서로 다투는 일이 없다. 온갖 기관의 등불이 하나의 공간을 밝히고 있는 것과 같다. 한 몸 안에서는 한결같이 환한 광명장일 뿐이다.

이와 같이 저 청정 묘각의 광명장은 작게는 미진도 비추고 크게는 이 몸과 저 무변 허공계까지도 두루 다 머금어 밝히고 있다. 다만 환한 광명장으로 있으면서 그 각성의 불빛이 저 무량한 물질과 중생신이 무엇을 어떻게 하느냐에 따라서 다양하게 감응을 할 뿐이다.

묘각의 빛 각성은 어떤 무엇과도 별개로 뒤섞이거나 특별히 혼합되어 있지 않는다는 이치를 잘 알아야 한다.

선남자야, 묘각妙覺을 성취하게 되면 한 방안을 두루 비춘 광명은 무엇을 미워하고 누구를 사랑하는 성질이 없으므로 평등하게 보살필 줄 아는 보살들은 진리라고 한 사변적 논리에도 걸리지 않고 그러한 진리로부터 벗어나지도 않는다.

그러므로 죽고 사는 생사를 싫어하지도 않고 꼭 열반을 사랑하지도 않는다. 그래서 계행을 잘 가진 지계자를 존경하지도 않고 또한 계를 파한 사람을 미워하지도 않는다. 그러므로 오래 도를 잘 닦지를 못한 사람이나 처음 배우는 사람을 가볍게 보지도 않는다. 묘각을 성취한 보살은 티끌만 한 편견도 없고 차별도 없다. 그것은 일체가 다 저 무변 허공과 같이 아무런 차별도 없고 걸림도 없는 무등등한 묘각을 성취한 까닭이다.

비유하면 눈으로 보는 눈빛은 마치 방안을 비춘 수 천 개의 등불과 같다. 그래서 그 불빛 자체는 서로 무엇과 뒤섞일 수가 없다. 그와 같이 묘각을 성취한 각자는 누굴 미워하고 사랑하는 두 마음이 있을 수가 없다. 무슨 까닭이냐 하면 광명 자체에는 밝고 어둠을 미워하고 사랑하는 두 가지 성질이 본래로 없기 때문이다.

　선남자야, 두루 보살필 줄을 아는 보살과 더불어 혼탁한 세상에서 그래도 좀 남다르게 살고자 하는 말세 중생들이 만약에 지금 이 신심身心을 말끔히 닦아내 버리고자 하거든 무엇보다 묘각을 성취한 선지식을 만나야 한다.

　선지식을 만나서 배우게 되면 곧 아무것도 닦을 것이 없음을 깨닫게 된다. 그렇게 되면 역시 성취할 것이 있을 수가 없음을 깨닫게 되니, 그것은 두루 깨닫고 아는 원각圓覺이 두루 비추는 광명장이기 때문이다. 광명장 안에는 밝고 어둠이 없듯이 고요함도 멸해버린 적멸에는 두 가지 모양이 본래로 없느니라. 그러므로 있고 없음이 소멸한 적멸한 그 가운데는 백천만억 아승지 불가설 항하사 모든 부처님의 세계도 모두가 허공에 일어난 환상의 헛꽃과 같다.

　저 제불세계도 허공에 헛꽃과 같이 일어났다 꺼졌다 하느니라. 그러므로 청정 묘각의 대 광명장 안에는 모든 부처님과 부처님의 계가 일어났다 꺼졌다 하지만 청정 묘각의 광명장은 더불어 함께하지도 않고 그렇다고 멀리 떠나 있지도 않느니라. 이를 부즉불리不卽不離라 한다.

　그렇다고 서로 복잡하게 얽혀 있거나 서로가 훨쩍 벗어나 떠나 있음도 없다. 그러므로 청정 묘각은 일체에 두루 가득

해 있다. 그래서 저 중생들도 본래로 다 성불이 되어 있는 상태니라. 일체를 깨닫고 아는 청정 묘각의 빛 각성을 다 갖추고 있기 때문이다. 그래서 죽고 사는 생사와 지락의 열반도 깨닫고 보면 꿈과 다를 바가 하나도 없느니라.

선남자야, 묘각을 성취한다는 것도 어젯밤 꿈과 같으므로 생사와 아울러 저 열반도 본래부터 어디로부터 일어남도 없었고 또한 어디로 소멸되어서 가는 곳도 없느니라. 그러므로 청정 묘각은 본래로 어디로부터 온 곳도 없고 어디로 가는 곳도 없느니라. 그래서 저 무엇도 얻고 잃을 것이 없느니라. 이러한 까닭으로 무엇을 가지고 무엇을 버려야 할 것도 없고 무엇을 얻겠다고 하고 말고 할 것도 없느니라.

그렇다고 어디에 맡긴 것도 없고 무엇을 없애 버리려고 할 것도 없다. 이렇게 알고 수행해서 들어가면 필경에는 아무것도 없는 지극한 무극의 청정 묘각을 얻게 된다. 그 까닭은 일체 만법의 본래 성품은 한결 같아서 무너짐도 없고 새롭게 일어남도 없기 때문이니라.

선남자야, 저 모든 보살은 이와 같이 알고 이와 같이 수행을 해서 들어가는 절차를 잘 알아야 한다. 그래야만 옳게 사유를 하는 바른 지견이 열리게 된다. 저와 같이 옳게 알고 이와 같이 바른 방편의 지견을 가지고 저 청정 묘각을 구하게 되면 절대로 혼란 속을 헤매는 일이 없을 것이다.

　이때에 세존께서 거듭 이 뜻을 밝히시려고 게송으로 읊으
시었다.

　보안이여　잘알아라
　일체모든　중생들의
　신심이란　몸과맘은
　일체다가　환상이다
　몸이라는　육신이야
　지수화풍　소속이니
　온곳으로　돌아가고
　심성이란　이마음은
　육진으로　돌아가고
　사대로된　이몸뚱이
　온곳으로　돌아가면
　지금나는　어디있나
　이와같이　닦고닦아
　차츰차츰　들어가면
　일체다가　청정하온
　부동하는　변법계라

하고말고 할일이란
없다보면 역시무얼
얻고말고 할것이란
있을수가 없음이라
일체제불 세계들도
허공중에 공화로다
삼세시간 평등해서
필경에는 오감없네
초발심한 보살들과
더불어서 말세중생
옳은불도 구하려든
이와같이 불도들라

3부
물음에 대하여

물음1. 왜 잠을 자나요?

　우리가 사는 세상은 해가 뜨는 낮이 있고 해가 지는 밤이 있습니다. 그래서 밤과 낮이 분명히 있습니다. 밤과 낮이 분명히 있는 세상이기 때문에 일하는 낮이 있고 잠을 자야 하는 밤이 분명히 있습니다.

　이렇게 지구촌에 살고 있는 뭇 중생들은 해가 뜨고 지는 낮과 밤이 별도로 있으므로 해지는 밤에는 깨어 있는 의식이 어둠의 무의식 속으로 침몰합니다. 그래서 밤이 되면 졸음이 옵니다.

　반대로 해가 뜨는 새벽에는 천지가 밝아지므로 잠자던 무의식에서 깨어 있는 의식의 생시로 돌아옵니다. 그래서 날이 새면 저절로 잠이 깹니다.

　이렇게 지구촌 중생들은 두부의 구조부터가 밤낮으로 크

게 나뉘어져 있기 때문에 뇌의 구조도 좌뇌 우뇌로 크게 나
누어져 있습니다. 그래서 밤에는 잠을 자야만 합니다. 만약
잠을 자지 않으면 정신이 이상해집니다. 그래서 대개 정신병
환자의 공통점은 잠을 자지 못하는 불면증을 가지고 있습니
다.

하지만 천상 사람의 머리는 통일장을 이루고 있으며 몸또
한 빛나는 광자로 되어 있기 때문에 지상의 사람들처럼 별스
러운 고뇌가 없습니다. 항상 평화로운 축제의 분위기로 천상
사람들은 서로 다투는 일이 없습니다.

누구나 서로 어울립니다. 비유해 보면 세상 사람들이 하
나의 대양을 보고 그 바다에다가 사방의 다른 이름을 붙인
것과 같습니다.

이와 마찬가지로 중생의 영감계도 분류가 절대로 불가
능하지만 편의상 좌뇌, 우뇌, 간뇌라고 이름을 붙여 본 것
입니다.

저 천상 사람의 머리는 한 알의 전구처럼 생겼습니다. 전
구 알처럼 하나로 통일장을 이루고 있습니다. 그래서 세상의
인간들처럼 머리가 번뇌로 불타지 않습니다. 전기가 들어온
전등불처럼 늘 밝은 의식으로 빛나고 있습니다. 그러므로 머
릿속은 항상 대낮처럼 밝게 깨어 있습니다. 그래서 천상 사

람들은 잠이 없습니다.

잠을 꼭 필요로 하는 지구촌 중생들이 만약에 잠이 없다면 이미 태초에 다 미쳐버렸을 것입니다. 왜냐하면 인간들은 시도 때도 없이 안팎으로 전쟁놀이에 미쳐 있기 때문입니다. 잠시도 조용히 있지를 못합니다.

이 모양으로 미친 저 무서운 자폐증을 치료하는 명약은 잠 밖에는 아무것도 없습니다. 한시적이라도 잠깐 잠을 재우는 도리 밖에는 별도리가 없습니다.

그래서 고래로 발전해온 물질문명이나 정신문화를 보면 모두가 다 미쳐 설치는 인간들의 정신병을 치료하는 최면술들입니다. 지구상에 온갖 종류의 음식물도 다 수면제입니다. 그래서 무엇이든 많이 먹으면 잠을 많이도 잡니다.

세상에서 건전하다는 온갖 종류의 운동이나 게임도 사람의 심란한 마음을 잠들게 하는 최면술입니다. 모두가 미쳐 설치는 인류의 정신병들을 잠시라도 어디에다가 집중시키는 최면술입니다.

그러므로 인류가 만든 모든 정신문화의 학문이나 기교를 자랑하는 예술은 잠시나마 어지러운 나를 잊게 하는 무아실현의 행위철학입니다.

세상에서 가장 고급한 최면술은 모든 종교에서 숭상하는

기복 행위들입니다. 저 서구의 발레춤이나 얼음 위에서 벗고 춤추는 미희들의 스릴에는 엄청난 최면력이 있습니다.

그러므로 그 행위가 운동하는 춤이든 조용히 앉거나 서는 행위거나 산만한 마음의 그림자를 그리는 추상화거나 인류의 어지러운 마음을 잠들게 하는 무아 실현의 행위철학입니다.

그러므로 잠자는 꿈에는 세 종류가 있습니다.

깨어 있는 생시의 꿈을 의식의 꿈이라 하고 잠자는 꿈을 무의식의 꿈이라 합니다. 그리고 비몽사몽간非夢似夢間에 일어나는 꿈을 잠재의식의 꿈이라 합니다. 그러므로 마음의 저쪽에서 태양의 십조 배나 밝은 묘각의 빛 각성으로 돌아가지 않고서는 일체가 다 꿈임을 알아야 합니다.

누구나 자신의 눈을 딱 감으면 온 세상이 없어지고 눈을 뜨면 온 세상이 텅 비어 있음을 봅니다. 그러므로 딱 감지도, 딱 뜨지도 않으면 자신의 코끝만 봅니다.

자신의 코끝만 본다는 뜻은 자아 발견의 명상이 저절로 된다는 말입니다. 자아발견의 명상은 중성의 잠재의식이 잠들 때 일어납니다.

그러므로 삼세제불은 고대로부터 영원한 미래에까지 한 자리에서 부동하고 앉아 계시면서 자는 듯 깨어 있는 듯 항상 있는 그대로 자신의 코끝만 보고 계십니다.

알라. 바로 이것이 잠의 불가사의 수수께끼입니다.

물음2. 당황하면 왜 얼굴이 붉어지는가?

일단 답부터 드리겠습니다.

불꽃은 위로 치솟는 속성이 있습니다. 그래서 심장에 정신적인 자극을 받으면 금방 붉은 색의 불꽃이 얼굴로 치솟아 오릅니다. 그래서 마음이 당황을 하면 얼굴이 단박에 붉어집니다.

지금 이 질문을 한 주인공은 영국의 다윈 선생님이십니다. 다윈 선생은 원숭이가 진화해서 지금의 사람이 되었다고 주장을 하신 분입니다.

그런데 문제는 서양 사람들은 무엇이나 있는 그대로를 보지 못합니다. 세월없이 무엇이나 분석을 해 봅니다. 그 분석의 지식이 오늘날 서양의 과학입니다.

하지만 무엇이나 분석을 하면 소중한 영혼이 없어집니다.

하지만 동양의 신문화를 꽃피운 자연지自然智는 무엇이나 있는 그대로를 투시해 보는 지혜입니다.

그래서 사람의 얼굴에 나타나는 오색五色은 다 오장五臟에서 온다고 보았습니다. 그러므로 심장은 붉습니다. 그래서 심소장心小臟을 화火라 합니다. 그러므로 심소장心小臟에 이상이 오면 벼락같이 얼굴이 붉어집니다.

또 간담장肝膽臟은 푸른 나무에 비겨서 목木이라 합니다. 그래서 간담肝膽이 탈이 나면 벼락같이 얼굴이 푸르러집니다. 또 폐대장肺大臟은 기운이 희므로 백白이라 합니다. 그래서 폐대장肺大腸이 병이 들면 벼락같이 얼굴이 하얗게 변합니다.

또 신장腎臟은 기운이 검다고 해서 신장을 흑黑이라 합니다. 그래서 신장에 병이 오면 벼락같이 얼굴이 검어집니다.

또 비장脾臟은 누렇다고 해서 황黃이라 합니다. 그래서 비위脾胃가 탈이 나면 벼락같이 얼굴이 누렇게 변합니다. 이것이 동양의 자연지입니다. 서양의 지식으로는 도저히 풀지 못하는 얼굴에 나타나는 오색의 수수께끼를 푸는 열쇠는 자연지自然智입니다.

물음3. 애인끼리 왜 입을 맞추는가?

답부터 하겠습니다.

행위의 목적이 성기에 있다면 본능적으로 중생은 자신도 모르게 밖으로 드러난 큰 구멍 입술부터 희롱을 합니다. 그것은 입술에는 생식기에서 꽃을 피운 열정이 녹아 있기 때문입니다. 그래서 여성은 음심이 발동을 하면 입안의 혓바닥이 차게 됩니다. 입안이 냉하게 되므로 숨을 들이쉬게 되니 입술이 차서 푸르러집니다.

그리고 남성은 입안과 혓바닥이 열이 나서 숨을 토하게 되므로 입술은 자연히 붉어집니다.

이렇게 차고 더운 증애憎愛의 열정이 서로를 밀고 당기게 되는 심리로 연인들은 서로 가까이하면 벼락같이 상대방을 끌어안고는 얼굴에 드러난 입술부터 물고 빨게 됩니다. 이러한 혀와 입술의 정교행위를 서양에서는 키스라 합니다.

지금부터 성의 본능이 숨어 있는 성기 이야기를 좀 해야 겠습니다. 남자의 몸에는 크게 뚫린 구멍이 아홉 개가 있습니다. 여자의 몸에는 남자보다 하나 더 많은 열 개의 큰 구멍이 있습니다.

그 열 번째의 큰 구멍을 막말로는 열 구멍(十穴)이라 합니다. 저 열 번째 숨어 있는 성기로 정복하여 들어가는 과정에서 밖으로 드러난 입으로 먼저 성 행위를 합니다. 왜 이러한 구교행위口交行爲가 자연스럽게 생겼을까요?

그것은 일체중생들은 다 성기로 나왔습니다. 그렇기 때문에 안면의 골상에서 이목구비의 상은 모두 자기 자신의 성기를 그대로 닮아 있습니다. 특히 구상口相은 물론 귀의 상은 자신과 어머니 자궁의 생태를 그대로 닮고 있습니다. 그래서 여성들은 생리 때나 발정기 때는 반드시 귀가 이상해집니다. 남성들도 성생활이 문란하면 반드시 귀가 탈이 납니다. 특히 중이염의 경우는 더더욱 그렇습니다. 그래서 축농증이나 중이염이 있다면 성관계를 멀리해야 합니다. 물론 구강의 모든 병도 그렇습니다.

그 까닭은 모든 중생의 몸에 있는 12신경은 모두 다 회음이라 하는 자궁으로부터 일어났습니다. 그러므로 남녀를 막론하고 성기로부터 12신경이 일어나서 전신을 실타래처럼 감고 있습니다. 특히 이목구비에는 성 신경이 그대로 접목되어 있습니다.

그러므로 연인들은 상대방의 이목구비를 그렇게도 물고 빨고 하면서 제 것처럼 못 잊어들 합니다.

물음4. 우리말 목구멍이란?

우리는 얼굴에 뚫린 일곱 개의 이목구비 구멍과 함께 목 안에 있는 두 개의 구멍을 합쳐서 속칭 목구멍이라 해왔습니다. 목구멍을 한자로 표기한다면 경구혈頸九穴이라고 쓸 수밖에 없습니다. 어째서 아홉 구멍이 되느냐 했을 때 그 답은 이렇습니다.

얼굴에는 일곱 개의 구멍이 안팎으로 뚫려 있습니다. 그리고 입안에 숨어 있는 두 개의 구멍이 있습니다. 그 두 개의 구멍은 숨구멍이라 하는 기관지氣管支와 밥구멍이라 이름 하는 식도食道입니다.

그러므로 면상에 있는 일곱 개의 구멍과 목 안에 있는 기관지와 식도를 더해서 아홉 구멍이 됩니다. 이를 우리는 통칭 목구멍이라 했습니다.

그래서 예부터 우리 조상님들은 순수우리말로 두부에 있는 모든 기관의 구멍을 목구멍이라 했던 것입니다. 그래서 목구멍은 열 번째 자궁으로 들고 나는 성정의 본능이 출입하는 문이 되고 있습니다. 그래서 일체중생들은 성적 본능이 발동하게 되면 죽어라고 서로의 목을 휘여 안고는 황홀한 애무의 절정에서 기절을 해버립니다.

하등의 동물들은 사람들보다도 성행위에 있어서는 프로급입니다. 종족본능의 때가 아니면 일절 성추행을 아니 합니다. 그러므로 성적으로는 사람 이상 추한 동물은 없습니다. 시도 때도 없이 그 짓을 하다가 패가망신은 물론 필경 성도착이 되어서는 마침내는 무간지옥으로 떨어집니다.

물음5. 부처님과 예수님은 왜 이성관계를 멀리 하라 하셨을까요?

답부터 드리겠습니다.

태어나고 죽는 근본 뿌리가 다 성에 있기 때문입니다. 그러므로 이성관계를 멀리하게 되면 자연히 생겨날 일이 없습니다. 태어나지 않았다면 어찌 늙고 병들어서 죽는 삶의 고통이 있을 수가 있겠습니까?

그러므로 참으로 바른 깨달음을 성취하신 석존과 예수님은 무엇보다 이성관계를 추상같이 멀리하라고 하셨던 것입니다.

물음6. 어째서 중생들은 음행을 끊지 못할까요?

　성희에서 오는 오르가즘 때문입니다. 만물도 서로 마찰을 시키면 다 전기가 일어납니다.

　이와 마찬가지로 남녀가 서로 붙어서 성기를 극도로 마찰을 시키면 1200w나 되는 엄청난 신경성 전기가 일어납니다. 이 신경성 전열이 전신으로 사무치면서 일어나는 식정의 불꽃이 바로 오르가즘입니다.

　식정의 블랙홀이라고도 이름 하는 이 오르가즘이 삭신을 삼키면서 일어나는 지극한 미련의 애착을 버릴 수가 없게 되었습니다. 이 성은 곧 일체중생들에게 있어서는 삶의 본능이 되고 있습니다. 삶의 본능인 성을 멀리만 할 수가 있다면 저절로 나고 죽는 고통은 영원히 볼일이 없게 됩니다.

　하지만 석존과 예수님의 지엄한 성 윤리도 서양의 자유

민주주의라는 미친 정치구호에 지금 인류는 부처님과 예수님이 엄격히 다스렸던 성의 유혹에 다 빠지고 말았습니다. 그러므로 온 세상은 성애로 오는 애무의 환각에 중독되면서 성도착에 다 빠지고 말았습니다.

무서운 성도착은 짐승도 아니하는 온갖 성추행에서 비롯됩니다. 성도착이 되고 나면 뇌간에서 이상한 변태성 이물질이 생깁니다. 이 이물질이 간뇌신경을 흥분시키게 되면 뇌신경이 경련을 일으킵니다. 이것이 성 변태성 간질痼疾입니다.

변태성 간질이 오면 살모사殺母蛇의 대가리처럼 지독한 독물이 간뇌에서 무진장으로 생기면서 그 사람의 영혼은 무시무시한 환각에 사무치게 됩니다.

이때부터 참혹하게 사람을 죽입니다. 그렇게 지독한 살인행위를 하는 그 순간에 제 스스로는 성행에서 처음으로 맛본 오르가즘의 환각에 사무치게 됩니다.

이와 같은 무시무시한 변태성 살인마의 사건들은 일체 중생들이 그렇게도 좋아하는 성교의 중독에서 옵니다. 살아서는 지독한 환각 속에 살다가 목숨이 다하기 무섭게 우주를 삼켜버리는 블랙홀을 타고 무간아비지옥으로 직행을 합니다.

이러한 성의 죄악은 모두 애욕에서 비롯됩니다. 그래서

저 부처님이나 예수님은 성을 추상같이 다스렸던 것입니다. 하지만 오늘날은 자유니 민주주의니 하는 미친 정치구호로 존엄하신 성인의 거룩한 성윤리도덕은 다 파괴되고 말았습니다.

알라, 만고에 못 고치는 숱한 정신병과 삭신을 떠는 온갖 괴질들은 모두 고약한 성행위에서 비롯되었단 진실을. 그래서 필자는 이렇게도 안타까운 성문제를 해결해 보려고 성 초월로 가는 성 명상 서적을 세상에 내놓았습니다. 그 책의 이름은 『배꼽 밑에 지혜의 등불을 밝혀라』입니다.

요즈음 젊고 어린 여성들이 깜짝 싶을 정도로 하체를 다 벗고 다닙니다. 숨기고 감추는 여성의 지극히 아름다운 염치는 다 어디로 갔습니까?

자신의 사생활이 보장된 안방에서나 가능한 하체를 사정없이 다 드러내 놓고 다닙니다. 뿌연 대퇴부를 늙은이들이 보아도 현기증이 나도록 노출시키고 다닙니다. 이를 보는 남정네는 견물생심의 환각에 속절없이 빠지고 맙니다. 성 유혹의 도벽근성은 늙고 젊고가 없습니다.

이같이 심각한 여성의 품위문제를 왜 국법은 말이 없습니까? 이것이 과연 진정한 민주주의의 자유입니까?

평소에 존경해온 고등법원장님께 물어 보았습니다.

"여성의 심한 하체 노출행위를 어떻게 생각하십니까?"

원장님도 너무나 개탄스러운 표정으로 귓속말로 "법이 없습니다."라고 하셨습니다.

필자는 소리를 질렀습니다.

"윤리 도덕보다 더 무서운 법이 또 어디에 있습니까?"

물론 필자도 잘 압니다. 모든 것은 나로부터란 자유自由는 모든 것은 다 너 때문이란 미친 타유他由가 되었고, 나는 국민을 천주로 모시는 종이란 민주주의民主主義는 저 제왕병에 미친 정치꾼들의 구호가 되어 버렸지 않습니까? 자유 민주라는 정치풍토 앞에서는 추상같아야 할 법가도 꼼짝을 못하는 세상이 아닙니까?

그래도 대법관님들의 얼굴에는 시공을 초월한 우리 부모님들의 얼굴이 보입니다. 제발 지금 이 나라에 들끓고 있는 저 정치 패륜아들을 모조리 잠들게 하여 주소서.

이 소망은 힘없이 한세상 이름 없이 살다가는 한민족의 한입니다.

물음7. 어떻게 향기를 낼까요?

　모든 향기와 냄새는 태양의 빛이 에너지장인 허공(色)을 흔들 때에 일어나는 초음파超音波가 초목에 흡수되면서 초목의 성질에 따라서 온갖 향기를 만들어 냅니다.

　지구촌에 살고 있는 무량한 중생들의 온갖 냄새는 깨닫고 아는 각성의 빛이 심성을 흔들어서 내는 텔레파시가 중생들의 감성에 흡수되면서 무량한 냄새들을 만들어 내는 것입니다. 그러므로 항상 빛을 받는 사철 푸른 상록수들이 별난 향기를 생산해 냅니다. 향기가 만 리를 풍긴다는 만리 향나무와 고산 기암절벽에서 꽃을 피워 내는 파란 난초류가 아니면 멀리 멀리 가는 향기를 내지 못합니다.

　이와 마찬가지로 사람도 마음이 항상 가을하늘처럼 고상해야만 몸에서 묘한 향기가 납니다.

그러므로 몸에서 향기가 항상 나는 각자覺者들은 무엇보다도 이성을 멀리 했습니다. 마치 저 높이 떠 있는 해와 달같이 성을 멀리 했습니다.

그러나 배꼽 밑의 애정으로 살아가는 범부凡夫들은 몸에서 숱한 악취가 납니다. 저 모든 악취는 모두가 중생들이 너무나 좋아하는 성기에서 생산이 됩니다.

우리들의 성기에는 괴귀怪鬼라 이름 하는 바이러스 세균이 끝없이 들끓고 있습니다. 그렇기 때문에 성인들은 성을 멀리했습니다. 그러므로 누구나 몸에서 신선한 향기가 나기를 희망한다면 무엇보다 이성을 멀리 하면서 먹는 음식물을 가려야 합니다. 그러면 저절로 몸에서 참으로 신기한 향기가 납니다.

혹 남의 살 먹기를 좋아 하는 사람들은 이런 질문도 합니다. 그러면 어째서 초식을 주로 하는 원숭이나 염소들은 왜 악취가 심하냐?

그것은 앞서 말한 바와 같습니다.

태양 빛의 파장은 푸른 공기의 색성을 흔들어서 만물의 향기를 만들어 냅니다. 반면 일체중생의 냄새는 시방세계를 두루 머금고 있는 묘각의 빛 각성의 파장이 중생들의 감성을 흔들어서 온갖 냄새를 만들어 냅니다. 그러므로 사람은 깨닫고 아는 식심識心이 맑고 밝아서 악취가 덜하고 축생들은 깨 닫고 아는 감정이 탐욕을 흔들어서는 온갖 악취를 만들어 냅 니다. 이렇게 태양의 빛은 만물의 향기를 만들어 내고 중생 의 각성은 다양한 냄새를 만들어 냅니다.

　그 까닭을 비유로 설명하면 꼭 이와 같습니다. 저 하늘에 서 내리는 빗물은 네 맛도 내 맛도 없습니다. 그러나 아무 맛 도 없는 그 빗물이지만 만약 고추가 먹으면 매워지고 감초가 먹으면 단 맛을 냅니다.

　같은 성질의 빛이라도 종성에 따라서 다양한 냄새를 만들 어 냅니다. 또한 저 온갖 향기가 뭉쳐서 굳어지면 온갖 맛을 생산해 냅니다. 또 저 온갖 맛이 굳어지면 느끼는 촉감이 생 기고 촉감이 뭉치면 식심분별의 앎이 일어납니다.

물음 8. 여자들은 왜 향수와 화장품을 많이 쓰나요?

　순이야, 네가 여인女人을 여자女子로 물은 것은 잘못된 물음이다. 여성女性을 예부터 불러왔던 호칭은 여인女人이다. 여인을 여자라고 부르게 된 유래는 이렇다.

　일본 제국주의자들이 대동아전쟁 때 여인들을 잡아다가 일을 시키면서 생긴 이름이다. 여인들을 남자들처럼 남장을 시켜 막노동을 시키면서 생긴 이름이다.

　결국 반은 남자이고 반은 여인이란 뜻으로 여자女子라 부르게 되었던 것이다.

　그러므로 순이야, 만약에 여인을 여자라고 부르게 되면 두 가지 허물이 생기게 된다.

　첫째는 여인을 여자라고 부르게 되면 깨달은 성인들이 만든 소중한 칭호를 잃게 된다.

호칭은 일반 학자들이나 이상한 사상가들이 만든 것이 아니다. 모두가 깨달음을 얻은 각자들이 만든 문자와 언어란다. 그러므로 여인을 여자라고 부르게 되면 참 뜻이 담겨 있는 진언眞言을 잃게 된다.

무엇이 진언인가?

여성을 여인이라 한 것은 여성에게는 생산에 중요한 정자精子가 없고 다만 정자를 받아들여서 바로 사람을 생산할 수가 있는 중요한 난소卵巢가 있다. 그래서 여성들은 사람을 바로 낳는다는 의미로 여인女人이라고 불러 왔다. 그리고 남성을 남자男子라 한 것은 남성에게는 정자精子가 있기 때문이다.

다만 짐승인 축생들의 성별을 말할 때는 남성 여성이라 하지 않는다. 그것은 사람들처럼 식심이 밝고 맑지 않아서 윤리와 도덕을 모르기 때문이다.

도덕道德은 위로 부모와 스승을 우러러 보는 효심孝心의 행위를 이름 한다. 윤리倫理는 밑으로 힘없고 가련한 사람을 굽어보는 자비심慈悲心의 행위를 말한다. 그래서 짐승들은 사람과 같은 윤리와 도덕심이 없다. 그래서 축생의 성별을 말할 때는 자웅雌雄이라 한다. 자웅이란 우리말로는 '수컷' '암컷'이란 말이다.

순이야, 네가 묻기를 여인은 왜 화장을 하느냐고 물었다.

너도 이미 16세가 되었으니 여성들의 큰 고뇌가 무엇인가를 다소 체험했을 것이다. 무엇보다도 여성의 심각한 고뇌는 생리에 있음을 잘 알았을 것이다.

그래서 아주 먼 옛날부터 지금까지 여성들은 몸을 가리는 치마를 입고 다양한 화장품과 향수료를 많이 애용해왔단다. 그러므로 여인의 의상衣裳과 화장품은 모두 부끄럽고 추한 것을 숨기고 감추는 아름다운 은덕의 문화라 할 수 있다.

물음 9. 사람들은 왜 성형成型을 할까요?

사람들은 타고난 얼굴의 골격을 왜 함부로 성형을 할까요?

답은 간단합니다.

구애의 호기심 때문입니다. 얼굴에 외상을 입었거나 면상에 남들 보기에 흉한 반점이나 혹이 있어서 성형成型을 하는 경우야 얼마나 좋습니까? 그러나 멀쩡한 제 얼굴의 골격을 어떤 틀에 맞추어서 뜯어고치는 성형은 절대로 안 됩니다. 왜냐하면 사고로 인한 신체 일부의 조직을 본래대로 맞추는 성형도 예외는 아닙니다만 특히 멀쩡한 얼굴의 골격을 뜯어고치는 성형은 아무리 수술이 잘 되었다 손치더라도 세월이 지나면 심각한 후유증이 반드시 생깁니다.

물론 후유증이 다소 가볍게 오느냐 중하게 오느냐 하는

경중의 차이는 있습니다. 하지만 안면신경마비 등은 피하기가 어렵습니다. 후유증이 심한 경우는 안면신경통으로 면부가 쑤시고 아파서 견딜 수 없는 경우도 생깁니다.

뿐만 아니라 안면이 실룩거리고 입술이나 얼굴 전체가 벌레가 기는 것처럼 굼실거리는 연동증蠕動症으로도 심한 고통을 받습니다.

왜 이러한 수술의 후유증이 필연적으로 생기느냐? 육체의 생리로 보면 살과 뼈는 째지고 터지고 깨어져도 잘 살아붙습니다. 하지만 생명선이라고 이름 하는 신경의 경우는 좀 다릅니다. 신경은 한번 손상을 입게 되면 본래의 상태로 복원이 잘 되지 않습니다.

그 까닭은 이렇습니다. 신경은 심한 타박이나 메스로 한번 절단이 되고 나면 동시에 신경의 미세한 신경섬유소들이 역반작용을 하게 됩니다. 그러므로 끊어진 신경선에는 접착불량이 생기게 됩니다. 그렇게 신경선에 접착불량이 생기게 되면 흡사 끊어진 전선을 합선을 잘못 시킨 곳에서 스파크가 일어나는 이치와 같은 신경 장애가 생깁니다.

그러므로 뜻하지 못했던 면부에는 온갖 신경 장애가 일어납니다. 그래서 성형이나 성형수술을 받은 사람들은 다소간에 수술의 후유증을 앓게 됩니다.

마치 전선에 접촉 불량이 생기면 프로그램이 모두 엉망이 되는 이치와 꼭 같습니다. 그러므로 특별한 경우가 아니라면 제발 얼굴을 뜯어고치는 성형은 하지들 마세요. 공연히 부질없는 야망으로 생각 한번 잘못하여 수술을 받고 보면 잘나고 못나고 간에 그제같이 편안했던 제 얼굴은 어디로 가고 애꿎은 탈바가지 신세를 어찌 감당들 하시렵니까?

　필자는 이 지구촌에서 제발 단 한 사람이라도 이러한 불행이 없기를 간절히 바랍니다.

물음 10. 운명運命이란 진짜 무엇인가요?

　고금으로부터 영원한 미래에까지 모든 것이 스스로 그렇게 존재하고 있는 자연의 지혜를 깨달은 선지식들은 똑같은 말씀을 하셨습니다.
　'타고난 사주가 아무리 좋아도 외모만 못하고'
　이 말씀의 의미(意)는 설계도가 아무리 좋아도 실제 건축물만 못하고,
　'타고난 외모가 아무리 좋아도 마음만 못하고'
　이 말씀의 의미(意)는 건축물이 아무리 좋아도 거기에 사는 사람만 못하고,
　'타고난 마음이 아무리 좋아도 깨달음만 못하다'
　이 말씀의 의미(意)는 아무리 사람의 마음이 좋아도 마음을 깨닫고 아는 각성만 못하다는 뜻입니다. 즉 이 말씀의 의

미(意)는 사람의 마음이 아무리 훌륭해도 그 마음을 깨닫고 아는 각성만 못하다는 뜻입니다.

이 말씀의 의미는 마음이 아무리 거룩해도 그 마음을 아는 각성을 발견하지 못한다면 아무것도 안다고 할 것이 없습니다.

왜냐 하면 일체가 마음으로 창조가 되었기 때문입니다.

그러므로 일체를 창조한 마음을 전연 모르고는 오늘날 과학자들이 무엇을 안다고 하겠습니까?

그들은 마음으로 아는 자가 과연 누구일까 하고 물질 속에서 사람의 마음과 같은 그 물질의 성질을 찾는 꼴이기 때문입니다.

동양의 운명철학도 매 한가지입니다.

집짓는 설계도와 같은 사주(생년월일시)를 가지고 삶의 공간과 시간에다가 의미유추를 시킵니다. 이렇게 의미유추로 의미연합이 된 보편타당성의 논리학을 가지고 그 사람이 살아온 과거와 현재를 점을 칩니다. 의미유추의 논리학을 저들은 운명철학이라 고급한 명칭을 씁니다.

이는 다 언어 망발이고 천기누설입니다.

천기란? 흡사 자신의 콤팩트에 자신만이 아는 비밀을 다 입력을 시켜 놓은 것과 같습니다. 이와 같이 저 우주 공간과 공간이 도는 시간 속에는 일체중생들이 지어온 삼세의 운명들이 다 입력되어 있습니다.

이것을 혹 영특한 영매자들이 전승귀傳承鬼가 전해주는 정보를 함부로 토설하게 되면 이것이 곧 천기누설이 됩니다. 그래서 고래로 사람의 운명을 점치는 영매자들은 죽을 때에 반드시 피를 토하고 죽습니다. 죽으면 스스로 어디로 가는 줄도 모르면서 말입니다.

저 무아로 돌아간 선지식들은 시공을 초월해 있으므로 그 어디에도 자신의 기록카드가 없습니다. 그러므로 그 누구도 그를 예언할 수가 없습니다.

다만 대각을 이루신 부처님이 아니고는 그 누구도 깨달은 성자의 과거와 현재와 미래를 예언한다는 것은 언감생심입니다.

알라, 저 우주는 우리에게 무한한 가능성을 지불하지만 저 중생들은 발을 한번 들거나 생각 하나 움직이는 것이 모두 허물과 사건이 아닌 것이 없다고 합니다.

이 모든 죄악의 허물과 허공계에 가득한 사건들을 다 해결을 해주는 해결사는 시간입니다. 그러므로 운명을 점치는 미친병부터 멀리 집어 던져 버리세요. 어쩌면 저 우주와 시간의 무한한 은혜에 보답하는 길이 무엇인가를 찾아야 합니다.

그래서 불교에서는 시방삼세불十方三世佛을 밤낮으로 찾습니다.

시방十方은 공간空間입니다. 삼세三世는 시간時間입니다. 저 공간과 시간을 머금은 묘각의 각성에 절해야 합니다.

그래서 가톨릭에서도 가슴에 십자를 항상 그립니다. 그리고 그 십자의 중심 가슴에 너를 알라는 점을 칩니다.

십자의 그 중심에는 깨달음의 빛으로 가득한 예수 그리스도가 계십니다. 우리 모두의 깨어 있는 각성이 거기에 있습니다. 그리스도란 깨어 있는 의식을 말합니다.

알라, 우리 모두는 깨어 있는 나의 묘각의 빛 각성으로 돌아가야 합니다. 무한한 시공의 은혜에 보답을 하는 길이 거기에 있기 때문입니다.

물음 11. 진정 아름다운 상호相好란 무엇입니까

붓다와 예수의 외모는 서른두 가지의 형상과 80가지의 보기 좋은 기품을 두루 갖추신 상호相好의 문제입니다.

바로 이 두 성인의 상호相好 이야기를 하고자 합니다.

일반 중생들이 저마다 갖고 있는 관상 이야기는 참으로 보잘것없습니다. 왜냐하면 마치 영혼이 없는 마네킹 같기 때문입니다.

보세요. 세상에 인물이 그만하다 하면 남으로부터 이름이나 날리고 싶어했고 불로소득으로 영달이나 누리려고 미쳐 날뛰는 정치꾼들을 우리는 너무나 신물 나게 보아 왔습니다. 그래서 얼굴이 아무리 잘생겨도 마음만 못하다고 했습니다.

하지만 이놈의 마음도 문제가 심각합니다.

마음을 전문적으로 다루는 종교들의 모양새를 보세요.

어떻게 이 마음으로 부처를 믿고 어떻게 이 마음으로 예수님을 믿습니까? 그러므로 이 마음으로 무엇을 어떻게 한다는 것은 다 거짓이요 모두 허구입니다.

그러므로 마음보다는 각성覺性입니다. 묘하게 깨닫는 묘각의 각성은 내 몸과 마음을 환히 다 보고 다 압니다. 알고 모르고 알지도 모르지도 않는 것까지를 두루 다 압니다. 또한 밝고 어둡고 밝지도 어둡지도 않는 것까지를 두루 다 압니다. 이를 묘각이라 합니다.

우리는 사주나 관상이나 마음을 모두 떠나 나를 두루 다아는 묘각의 각성을 어서들 발견해야 합니다. 참 나인 각성을 발견하는 길은 명상입니다. 참선입니다. 명상의 길은 깨어 있는 침묵입니다. 참선의 길은 몸과 마음을 주시하는 길입니다.

그렇게 주시하다 보면 자연히 나의 묘각의 빛 각성이 환히 밝아 옵니다.

고향으로 돌아 가세요

동서고금을 막론하고 여자의 육체는 남정네의 보배라 해서 지금도 자기의 아내를 여보女寶라고 부릅니다.

실로 소중한 보배는 누구나 숨기고 감추어서 없는 냥 합니다. 그것은 남이 함부로 넘나볼 수 없게 함입니다.

그래서 여성의 하체를 가리는 하의를 치마라 했습니다. 치마란 명칭의 뜻을 쉽게 풀자면 한자로 보면 금방 답이 나옵니다.

치마란 치자는 부끄러울 치恥자입니다. 그리고 마자는 클, 가릴 마摩자입니다.

곧 치마恥摩란? 여성의 치부를 가리고 숨기는 큰 옷이란 뜻이 됩니다.

사람은 태초부터 짐승과는 달리 음부의 성기를 놀라울 정도로 엄격하게 감추고 숨기어 왔습니다. 그것은 중생에게 있어서는 성기가 더 이상 없는 절정의 낙원이기 때문입니다. 동시에 더없이 추한 악취가 나는 곳입니다. 그래서 고래로 여성의 성기는 남성들이 함부로 겁탈을 할까 봐서도 숨기고 감추어 왔습니다.

그러므로 여성들은 함부로 빼앗길까 봐 숨기고 스스로도 추하니 감추는 습성이 여성의 신성한 본능이 되어 왔습니다. 이렇게 숨기고 감추는 여성의 아름다운 미덕은 금세기 자유 민주의 바람이 불면서 수만 년 동안 폐쇄되어 왔던 야성의 본능이 시장바닥으로 튀어 나왔습니다. 그러므로 숨겨온 여성의 야성적인 성 본능이 통 큰 치마를 벗어버리고 제멋대로 하체를 걷어붙여 올리게 되었습니다.

참으로 곱고 아름다운 젊은 여성들이 뿌연 하체를 경쟁적으로 들추어 내는 바람에 가득이나 여성의 살결만 보아도 혼절을 하는 별난 남성의 성도벽심리가 미친 행위를 하다가 견물생심죄에 걸려들어서 신세들을 망치고 있습니다.

금세기 이 같은 여성의 변태심리는 어디로부터 왔을까요?

자유 민주주의가 보장을 해주는 자주권 행사에서 왔습니다. 참으로 역겨운 저 썩어빠진 정치구호로 말미암아 천하는 멋대로의 무법자 천국이 되었습니다. 이것이 자유 민주주의가 준 정치구호의 은혜란 말입니까?

젊은 여성들이 백주에 하체를 사정없이 다 드러내 놓고 다니는 이 야성미가 자유 민주주의가 준 죄악이 아니고 무엇이란 말입니까?

저 철없는 우리 어린 손들에게야 무슨 죄가 있겠습니까? 있다면 진정한 교육을 제대로 보여주지 못한 우리 늙은이들에게 있습니다. 더더욱 무거운 책임은 이 나라 대권주자들이 남긴 투표권 자유와 민주에 있습니다.

자유自由란 우리말로는 나로부터란 뜻입니다. 곧 '나 때문에'란 뜻입니다. 그리고 민주民主입니다. 민주주의란 우리말로는 '백성은 곧 천주님이시다. 그러므로 나는 천주님을 잘 모시는 종이다'라는 뜻입니다.

그런데 자유와 민주라는 이 두 개의 정치구호의 본래의 뜻은 그 뜻이 완전히 전도되어 버렸습니다. 그래서 정치꾼들은 날이면 날마다 남 탓을 합니다. '내 탓이요'란 자유自由를 남 탓으로 돌리는 타유他由로 둔갑시켜 놓았습니다.

이 지경이 되고 보니 멋대로의 자유와 민주라는 제왕병 앞에는 대한민국 국법도 꼼짝을 못하는 세상이 되어 버렸습니다.

그래서 필자는 힘없고 돈 없는 순박한 서울의 천심에게 귀향의 노래를 들려주고 싶습니다. 저 부귀의 투쟁이 눈 뜨고는 도저히 볼 수가 없는 서울을 어서들 떠나라고 말입니다.

제발 집단이기주의자들이 설치고 다니는 서울을 떠나야 합니다. 착한 사람은 성인의 마음이 있고 부모의 마음이 살아 숨쉬는 농촌으로 가야 합니다.

필자가 귀향가를 지어서 불러줄 터이니 이 귀향가의 가사에 음정은 처녀 뱃사공 노래에 실어서 구성지게 부르며 고향으로 돌아들 가세요.

귀향가
헛된 자유 민주 바람이
서울의 천심을 흔드니
고향 떠난 아들 딸 소식이 오네
빈손으로 돌아온들 누가 뭐라나
늙으신 부모님은 내가 모시고
에헤야 디야
삽을 들라 호미를 들자

잘나고 똑똑한 사람들은 모두 다 서울에 모여 삽니다. 서울이 얼마나 좋으면 시골 바닥에서 태어난 대통령들도 모두 다 서울서 삽니다. 그분들도 선거 때는 촌백성을 천주로 모시겠다는 민주투사요 나라에 다시없는 애국자라 했습니다.

그런데 대통령만 되고 나면 서울에다가 아방궁을 지어놓고 고향에는 무슨 기념관을 만들어 놓았습니다. 노무현 대통령을 제외하고 말입니다.

그러고도 민중들 앞에서는 민주의 영웅이요 애향심이 있는 애국지사라고 후손들에게 떳떳이 자랑할 수가 있을까요? 이 나라 지도층 양반들이 이 모양이니 누가 서울을 아니 부러워하겠습니까? 어떻게 서울의 집값이 아니 오를 수가 있겠습니까?

세상에 흘러 다니는 돈도 서울이 좋다고 서울에만 다 몰려 있습니다. 사람도 재골은 다 서울에 들끓고 있습니다. 아파트도 서울바닥에는 성냥곽을 이루고 있습니다. 저 하늘 높은 줄 모르는 고층건물들도 서울에만 마천루를 이루고 있습니다.

그래서 조선시대 때 서화담 선생은 이권다툼이 심각한 서울을 떠나 사셨습니다.

고금이 없는 서울의 추태를 잘 아신 서화담 선생님은 부귀를 다투는 서울은 기권을 하고 시골에 가서 살리란 글귀로 부귀유쟁난하수富貴有爭難下手란 시어가 전해옵니다.

분수를 천금같이 여기는 현명한 민초들도 서울은 사람 살 곳이 못됨을 잘 압니다. 그래서 조용한 산촌으로 하나둘 돌아가고들 있습니다.

산촌에는 이제나 저제나 떠나간 자식들을 눈 빠지게 기다리는 우리의 모태 고향이 있습니다. 내 고향 산천에는 있으면 있는 대로 없으면 없는 대로 네 맛도 내 맛도 없이 조용히 살아가는 조상님들의 평화로운 지혜가 있습니다. 그러므로 안녕히들 잘 돌아가세요.

안녕.

몸과 마음의 고향 그 길과 문(道門)

우리는 왜 본성으로 돌아가지 못할까?

그것은 두 가지 근본 때문이란다.

그 두 가지란,

하나는 시초가 없는 나고 죽는 근본으로 지금 너와 일체
모든 생명들이 자성이라고 국집하는 본 묘각妙覺의 거울에
비친 그림자 같은 마음 때문이고,

또 하나는 시초가 없는 보리 열반의 본래로 청정한 본체
이니 지금 너 그 식정識精의 본디 밝음이란다.

묘명妙明한 이것이 능히 모든 인연을 내는데 그 인연으로
도리어 밝음어 상실되었단다.

마치 맑은 하늘에 스스로 구름이 끼어 흐리듯 모든 중생
이 이 본성의 밝음을 잃었기 때문에 비록 종일토록 본 묘각
으로 행동하면서도 우리는 깨닫지 못하고 혼미하여 잘못된

모든 갈래(六道)에 들어가나니라.

그러므로 나무아미타불….

우리들의 본 고향으로 가자.

이 몸의 모국母國은 진공眞空이기에 비우는 헌신의 삶은
평화로운 육신의 고향이 되고,

의식과 무의식인 마음의 부국父國은 빛나는 묘각妙覺이기
에 우주와 마음을 저 멀리하는 명상이 이 본성으로 돌아가는
초월의 보문이 되고 있다.